戦後政治を終わらせる

永続敗戦の、その先へ

白井 聡 Shirai Satoshi

NHK出版新書
485

はじめに

本書の目的は、完全な行き詰まりに陥った戦後日本政治を乗り越えるための指針を導き出すことです。そのような意味で、本書が目指すのは「戦後レジームからの脱却」です。

この言葉は、安倍晋三首相の政策理念としてよく知られています。戦後レジームはズタボロになっており、そこから脱却しなければならないことは確かであるので、総理のスローガンは正しい。しかしながら、安倍首相とそれを支持する人々は、戦後レジームとは結局のところ何であるのか、という本質を何らかの理由により理解していないし、理解しようともしないので、このスローガンの正しさは言葉の上のことだけになってしまい、むしろ「戦後レジームの死守」とでも呼ぶべき政策が強行されています。

「戦後レジームからの脱却」は待ったなしの課題として現れています。であるとすれば、私たちが達成すべき本当の意味での「戦後レジームからの脱却」とは何なのか。本書では、これまでの戦後政治の歴史的経緯を振り返りながら、実質的には「戦後レジームからの脱却」どころかその死に物狂いの「堅持」であるような政策方針が、逆に「脱却」と呼ばれるような途方もない混乱が、どうして生じてくるのかを見極めたいと思います。それを果たすことによって、戦後レジームの本質を十分に理解し、本当の意味での「戦後レジームからの脱却」とはどのようなものでなければならないのかがわかるはずです。

本書は、講義形式に基づき、以下のような順序で右のテーマに接近します。

まず、序章では、私が提起した「永続敗戦」の概念を用いながら、現代日本の政治的社会的危機の深まりがどのような形で現れているのか、その一端を明らかにします。この危機は、国内政治の次元に限って言えば、戦後レジームの歴史のうちかなり長い期間を占めた五五年体制が崩れた後に、その後継となる確固たる政治体制をいまだにこの国が見出していないことによって、もたらされています。

そんな状態になっている一因は、五五年体制の本質が何であったのか、十分な理解がされていないことです。そこで、続く第一章では、五五年体制について、最低限の歴史的変遷を踏まえつつ、その本質が何であったかについて考え、その崩壊後の新体制の構築がいかにして失敗し続けているかを見ます。

「戦後レジーム」の根幹は、敗戦と東西冷戦によってもたらされた対米従属です。しかし、ひと口に「対米従属」と言っても、アメリカに依存している国は世界中にあるのですから、大雑把にすぎるでしょう。問題は、日本の対米従属の特殊性にあります。第二章では、この特殊性がどのような歴史的経緯を経て形成され、今日、「自国が発展するための手段として他国に従属する」のではなく、「従属するために従属する」かのごとき自己目的化した異様な従属状態がどのように出現しているのかを検討していきます。

第三章では、対米従属の内実をより具体的な次元で見ていきます。大きく「経済的従属」と「軍事的従属」に分けたうえで、「自己目的化した従属」がどのように展開してきているのかを考えます。その過程で、多くの日本人が漠然と「日本を守るためのもの」と考えている日米安保体制の本質が何であるのかを、明らかにしたいと思います。

大まかに言って、第二章は日本の国内問題としての対米従属を、第三章は日米関係における対米従属を検討するものと位置づけ可能です。これに続いて、第四章では、八〇年代以降、地球を覆い尽くしつつある新自由主義という世界的文脈が、日本の政治および社会にどのような影響を与えてきたのかについて分析します。現在巷で言われる「右傾化」「反知性主義」「排外主義」などの危機的現象は、日本特有の問題ではなく、大局的に言えば、近代資本制社会の世界的な行き詰まりに関係しています。戦後政治を乗り越えるとは、このような病的現象が猛威を振るう中で実行されなければならないのです。

終章では、ポスト五五年体制を本当の意味で構築するために、どのようなことが必要なのか。その根本的原則をできるだけわかりやすく指摘し、私たちの課題を見極めたいと思います。

本書のベースになったのは、二〇一五年夏に鹿児島大学大学院で担当した集中講義でした。講義の機会を与えてくださった、木村朗《あきら》・鹿児島大学法文学部教授に心より感謝いたします。

戦後政治を終わらせる——永続敗戦の、その先へ　目次

＊本書記載のURLは、二〇一六年三月現在のものです。

序章　敗戦の否認は何をもたらしたか

敗戦の否認と、その起源および帰結

私は、二〇一三年に著した『永続敗戦論――戦後日本の核心』において、戦後日本を規定し続けてきたレジームを「永続敗戦レジーム」と名付けました。このレジームは、敗戦の瞬間から独立回復の時期にかけて日米合作でつくり上げられ、一九五五年に成立し戦後日本の政治体制の最も長い期間を占めた「五五年体制」によって打ち固められ、冷戦崩壊を契機として今日その矛盾を表面化させつつあるもの、ということになります。

「永続敗戦」というのは実に奇妙な私の造語ですが、その含意については、詳しくは『永続敗戦論』を読んでください。最も簡潔に言えば、負けたことをしっかり認めないので、ズルズルダラダラと負け続けることになる、という状態を意味します。

このことがきわめて劇的な形で表面化したのは、三・一一の福島第一原発事故によってでした。あの事故が発生した経緯、展開、そしてそれへの対処を見てみれば、「あの戦争のときの日本と同じではないか」と感じざるをえません。つまり、戦後の日本人は、口を開けば「あの戦争への後悔と反省に立ち……」と繰り返してきましたが、本当のところ、何一つ反省などしていないと言わざるをえない。だから、日本人はあの戦争に敗れたことを知っているにもかかわらず、本当は負けたと認めていないのではないか――私はそう考えました。

そんな状態がどうやって出現したのか。その起源は、比較的容易に把握可能です。日本は、先の大戦で敗北を喫したにもかかわらず、戦前の指導者層がそのまま戦後も支配層に留まり続けました。もちろん、そのままキャリーオーバーしたわけではなく、東条英機をはじめとする軍人指導者は政治から排除され、最も高位を占めていた指導者たちは罰を受けました。しかし、政官財学メディアの各領域で、あの無謀な戦争に突き進むことに加担した人たちが、一時は公職追放処分などを受けたものの、紆余曲折を経ながら日の当たる場所へと続々と復帰していったのです。A級戦犯に指定され巣鴨プリズンに収監されながら、不起訴処分となり、後に総理の座を射止める岸信介《のぶすけ》（安倍晋三総理の祖父）は、その代表です。

なぜ、そういうことになったのか。それは、冷戦構造下におけるアメリカの対日統治のあり方がもたらしたものでした。戦前の指導者層は、米国の庇護《ひご》・承認の下で、権力の座に再び居座ることができました。こうした状況は、大きな問題を生むことになります。なぜ、無謀な戦争を企て、国を破滅の淵に追いやったことに対して責任のある者たちが、その後も権力の座に居座り続けているのか、正当性はどこにあるのか、という問題です。この問題に目が向けられないようにするために、敗戦の責任は曖昧《あいまい》にされていきます。

さらに言えば、冷戦下で東西対立が激しくなり、民主化より反共主義が優先される「逆コース」政策が始まるはるか前から、曖昧化のプロジェクトは始まっていた。敗戦と同時に成立した東久邇宮《ひがしくにのみや》内閣のスローガンが「一億総懺悔《ざんげ》」であったことは、象徴的です。要するにこれは、「みんなで間違ったことをしたのだから、みんなで猛省しよう」というわけです。誰の、どのような決定によって、間違った戦争が行なわれたのか、どのような意味で間違った戦争だったのか、といった重要な問いを全部棚上げして、何となく「みんな悪かったのだ」という雰囲気を、日本の支配層は意図的につくろうとしました。逆コースによって、このプロジェクトは確固たるものとなっていったわけです。

その結果の最たるものが、「敗戦」から「終戦」への言い換えです。あの戦争はまるで天災のごとくに、自然に「終わった」のだという印象が国民のあいだに広がっていきます。こうした印象操作は、メディアを通じて国民の歴史意識として定着させられたのでした。それが、私の言葉で言う「敗戦の否認」です。

あの戦争に負けたという事実を変えることはできません。こんな昔のことに、いまわざわざこだわらなければならないのは、この歴史意識を前提として「敗戦の否認」に依拠した政治体制（レジーム）が、その耐用年数を過ぎて危機に突入しているからです。あの戦争における敗北の意味を考えないで済ませられるなどという異様な状態は、冷戦構造によってこそ可能になったものでした。しかし、冷戦構造など、約二五年も前に終了していま す。にもかかわらず、「敗戦の否認」に基づくレジームをいまだに無限延長しようとしているのが、日本社会の大勢です。その「無理」は、今日社会のここかしこに現れている。この事情が踏まえられていない間は、現代日本の政治は、空転を運命づけられるしかありません。すでに、「失われた二五年」という形で現に空転を続けてきたのです。

二〇年前の「敗戦後論」

問題がどういう形で近年明確化してきたのかを考えるために、二〇年前の状況に目を向けてみましょう。冷戦崩壊後の一九九五年に、文芸評論家の加藤典洋さんが、戦後五〇年を機に『群像』誌上に寄稿した「敗戦後論」という論文（後に単行本化）がありました。[*1] これをめぐって、加藤さんと哲学者・高橋哲哉さんとの間で――つまり、リベラル／左派の陣営内部で――、「歴史主体」論争と呼ばれる論争が発生しました。日本人のあの戦争に対する向き合い方について考えるうえで参考になる議論ですので、『永続敗戦論』の中でも少し触れています。

加藤さんは、「戦後」とは、本当は「敗戦後」であるはずだと指摘したうえで、「敗戦」がごまかされているために戦後日本人の歴史意識は捻《ね》じれているのだ、と示唆しました。典型的な右派は無批判に戦前の日本を肯定する、それに対して典型的な左派はあの戦争を起こした日本を、侵略国家だ、悪だと全面的に否定します。しかし、当事者からすれば、また当事者になったつもりで想像してみれば、侵略と自衛とは簡単に分けられるものではない。後から悪だったと判定することは可能ですが、当時の日本人は両面を生きていた。植民地支配や侵略行為について開き直るような態度が国際的に到底受け入れられないことは当然ですが、ともかくも、現実に日本人はあの戦争の後も連続性を持って生きている。その「悪」の血を引き継ぐ自分たちが過去を全否定してしまったら、これからどうやって生きていくのだ、だとすれば過去を無批判に肯定する右派のみならず、過去を抽象的に断罪する戦後左翼の標準的な歴史観もおかしいでしょう、と加藤さんは指摘したのです。

つまり、戦後日本人は、自分たちをある側面では悪として認定せざるをえない一方、だからといって自責のあまり民族として集団自殺するわけにもいかないので、ある面では自己肯定しないわけにもいかず、モヤモヤしたものを抱えてきた。では、このモヤモヤをどのように解消できるのか。まずは自国の三〇〇万以上に上る犠牲者に哀悼を捧げ、それを通して謝罪の主体を立ち上げ、その主体に基づいて日本が侵略した相手、他国の犠牲者に対する謝罪をしなくてはならない、という議論を加藤さんは立てました。*2

これに対して、高橋哲哉さんをはじめとするその他の左派の論客は、加藤さんの議論は、国民的主体を立ち上げようというのだからナショナリスト的である、国民国家主義だと批判を加えました。国民国家は、強制的同質化に向かう傾向を内在的に含んでいるから、結局のところ、ファシズムを生み、ナチスドイツや大日本帝国を生んだ。ゆえに、加藤さんの議論は究極的には右翼に譲歩し、ナショナリズムを強化するものである、といった論理が批判の前提にあったと思います。

「被害者」から「加害者」へ

以前、あるシンポジウムで、社会学者の小熊英二さんがこの論争について、コンパクトに解説していました。私の理解した範囲でまとめます。この論争が何であったかといえば、戦後日本で延々と論争されてきた、いわゆる戦争責任、とりわけ被害者意識と加害者意識をめぐる議論に関わっているというのです。

戦後間もない、戦争の記憶が生々しいうちは、まず当然ながら、誤った国家指導に対する責任が指摘されました。東条英機はもちろん、昭和天皇の責任についても盛んに語られましたが、その語りにおいて圧倒的に突出するのは被害者意識です。とんでもない指導者たちによって、国民は誤った方向に導かれ、家族を失い、家を失い、財産を失って酷《ひど》い目に遭った。これが戦争責任が語られる際の当時の典型的な図式ですが、その際に自分たちは被害者であるということは、ほとんど自明の前提です。

しかしながら、私たちは単に被害者だとは明らかに言えません。私たちは加害者でもある、という側面がクローズアップされるようになったのは、だいたい一九七〇年代頃だったという説があります。その背景のひとつには、ベトナム戦争があったという。[*3]

米軍に抵抗するベトナム人民を目の当たりにしたとき、あるいはベトナムに攻め込む米軍の姿を見たときに、そこにかつての日本軍の姿がオーバーラップする。米軍がベトナムに対して行なっていることは、かつて日本が中国大陸やその他アジア地域に対して行なったことと同じではないのか、という連想が働いてきます。そうなると、私たちは単に被害者だったとは言えないだろうという意識が生まれてくる。

また終戦直後、苦しい生活の中で圧倒的に突出していた被害者意識が、経済復興を経て、実質的な生活レベルでは敗戦の傷から回復したことによって、加害者としての側面についても考えられるように変化してくる。言ってみれば、「衣食足りて礼節を知る」ということです。

ただ、ここで指摘されているのは、基本的に知識層における意識の変化です。七〇年代以降、大衆レベルでも加害者性がクローズアップされたかどうかというと、依然として不十分なままであり続けました。例えば、作家の森村誠一さんの『悪魔の飽食』という作品があります。戦時中、捕虜などを用いて残酷な人体実験を行なったと言われる関東軍七三一部隊の実態を描いた先駆的な作品です。これが『しんぶん赤旗』に連載されていたのが一九八一年のことです。当事者から話を聞いて書くという非常に価値のあることを行なったのですが、森村さんの自宅の周りを右翼の街宣車がとりまいて、身の危険を感じたそうです。[*4] 加害の事実を新たに認めることに対して、それだけ凄まじい抵抗があったということです。それが八〇年代の話です。

そして九〇年代に入り、冷戦構造が崩壊、グローバル化が盛んに叫ばれるようになります。日本とアジア諸国との交流がモノ・人・カネすべての面で飛躍的に増大する中で、日本があらためてアジアに着地しなければならないという気運も高まってきます。そのような文脈を背景として「歴史主体」論争は行なわれました。

大衆と知識人層の乖離

ちょうどこの論争が起こった一九九五年は、いわゆる「村山談話」が出された年です。これは非常に大きな出来事でした。それまで、対外的な加害者性について日本政府は渋々としか認めていなかったわけです。例えば、一九六五年の日韓基本条約では、植民地支配に関して事実上の賠償を行ない、つまり悪かったと実質的に認めてはいるのですが、でもその賠償金は正式な賠償金ではないし、しかも文言の中には植民地支配の罪を認めるという言葉はなかった。[*5] また、一九七二年に日中国交正常化が果たされますが、今度は日本側も譲歩せざるをえず、謝罪をします。しかし、賠償の性格は、やはり正式なものではない曖昧なものにされました。そして九〇年代を迎え、九五年の村山談話で初めて前向きに、むしろ積極的に過去を清算しなくてはいけないという姿勢を国家レベルで示し始めたのです。[*6]

しかしながら、小熊さんいわく、加害者の側面は、知識人の間ではすでにかなり共有されている問題だったけれども大衆的には九〇年代になっても決してメジャーな考え方ではなかった。

小熊さんの指摘に従えば、加藤さんの議論の問題意識は、あの戦争についての歴史感覚が知識人と大衆の間で大きく乖離《かいり》しているから、どうにかしてその二つをつなぎ合わせないといけない、ということでした。大衆は被害者意識しか抱いていないという現実があるが、いまや加害の側面もどうしても考えなければいけない。では、どうすればその乖離を埋め合わせられるか、という問題意識で出来上がったのが、加藤さんの「敗戦後論」だったのではないか。まずは被害者性について日本国民が腑に落ちることができれば、日本人の加害者性についても直視できるようになるに違いない、というのが「敗戦後論」の議論の要点だった、と小熊さんは整理しました。

こうした議論が、なぜ左派の陣営から激しい反発を受けたのか。それは、グローバル化が進む中で、国民国家批判が流行していたという事情に求められると私は考えます。いまから思えば驚きですが、国民国家はもう長くはないだろうという見解が盛んに語られていました。[*7] そこで左派陣営でも、国民国家批判、ナショナリズム批判が大変な流行となります。論壇の一部には、ナショナリズムを絶対悪として想定し、その批判さえしていれば「正論」になる、というような雰囲気すらありました。こうした事情が、当時の左派的な知識人による加藤さん批判を後押ししたのではないかと思われます。

今日、グローバルな資本の運動が国民経済という単位を無効化し、つまり国民国家という政治単位を大幅に相対化し、それによって途轍《とてつ》もない不安定が生じている状況を見るにつけ、私はこの時代のナショナリズム批判の大流行にはらまれていた不毛さを感じずにはいられません。

テレビ番組に映る戦争認識

この論争からすでに二〇年以上が経つわけですが、結局のところ、知識層と大衆での被害者－加害者意識の隔絶という問題はいまだ何ら解決できていません。例えば、多くの人が視聴するテレビ番組で戦争がどう描かれるのかを見れば、日本の一般大衆的な次元での歴史観がわかります。テレビというメディアは、受け取り手の「常識」の範囲内のことしか映せない、言い換えればタブーに踏み込むことはできないという意味で、最も保守的なメディアだからです。

テレビドラマでは、あの戦争の時代がよく取り上げられますが、そこには典型的な描かれ方がある。とにかく空襲で大変だった、という話がいつも中心になるのです。逆に言うと、空襲で大変だったという話だけをしていればタブーに触れなくて済みます。加害性の側面がクローズアップされることは滅多にありません。ここに象徴されるように、被害・加害両面あると言っても、全国民の平均値からすれば、被害の意識の方が圧倒的に優越しています。

あるいは、二〇一五年八月は、戦後七〇年ということで各局とも歴史ドキュメンタリーをたくさん放映していました。私も何本か観ましたが、七〇年経ってもいまだに問題の核心に踏み込めない日本人の歴史意識がよくわかりました。

私が観たある番組は、インパール作戦を特集していました。[*8] インパール作戦は、兵站《へいたん》をまともに考えずに進撃したため食糧不足に陥って、兵隊を次々飢死させた、無謀で悪名高い作戦であり、大東亜戦争の無計画性と無謀性の象徴のように語られてきた作戦です。この犯罪的作戦を指揮した牟田口廉也《むたぐちれんや》という陸軍軍人がどう責任を取ったかというと、まったく取っていません。一九六〇年代まで生き延び、病没しています。番組では、「牟田口がこんな無謀な作戦を立てました」ということは指摘するんです。そして、番組は、「こんな悲惨なことは二度と繰り返してはいけません」と言って終わるわけです。

この番組が映さないのは、戦後の牟田口はどうなったのか、ということです。彼が何の責任も取らなかったことにも、そして責任を取らせなかったこの国や社会の過ちにも一切言及しない。悲惨だった、二度と戦争を起こしてはいけない、無念の思いで死んでいった人たちのおかげで戦後の日本は成り立っている、という結論で終わらせ、そこから先には進まない。そこから先まで描くのは、あたかも禁じられているかのようです。

また、八月一五日以降の戦闘について取材した番組もありました[*9]。玉音放送で戦闘が終わった後も、一部納得しない人たちがいて、独自に戦闘を続けようとした。四国に配置されたある部隊は、ベニヤ板で作った小さな船に爆弾を積んで、体当たりをして敵艦を沈めるという特攻作戦を行なっていましたが、そこの幹部が「最後の一兵になるまで徹底抗戦せよ」と言って、八月一五日以降も戦闘を続けようとします。

その兵隊たちに戦闘を止めさせるべく説得が行なわれます。学徒出陣で出征しその部隊に配属された大学生の中尉が、「無駄死をするな。その力を使い、新日本再建のために最大限努力するのが、ただ一つの道ではないのか」と言って説得に成功し、特攻作戦は中止になりました。番組では、こういう優れた勇気ある発言をする人がいたおかげで多くの人命が救われた、そしてその人たちの努力が戦後の土台となり、復興・繁栄の力になった、と締めくくります。

こういった語り方は、まさに典型的な戦後日本の歴史の語り方にほかなりませんが、そこに欠落しているものを見なければなりません。確かに人道的な観点からすれば、無駄な出撃を止めた人は賢明だし、戦闘を続けようとした人は愚かな人間に見えるでしょう。でも、戦闘を止めさせた根拠は「天皇陛下のご命令」です。逆に言えば、玉音放送が流れる前には、誰も「無意味な戦闘をやめろ」と言えなかった、そんな国だったのです。

翻《ひるがえ》って、戦闘を続けた人は、その不合理な行動の中に天皇制批判、天皇制への拒絶があるのです。「昨日までは『最後まで戦え、一億火の玉だ』と言っていたのに、突然『おとなしく降参しなさい』と言われたって従えるものか。『無謀な犬死になる』などという理屈はお話にならない。戦局はすでに久しく絶望的であり、昨日までの戦闘で死んでいった戦友の死だってすでに十分無意味だったのだ。彼らの死をどうしてくれるのだ」と。

そこには天皇制への反逆があります。「天皇陛下のご命令」を根拠に戦闘を止めようというのは正気ではある。しかし同時に天皇制へのさらなる屈服である。それまでの自分たちの言葉に責任を持つことは天皇制への反逆であるが、狂気である。出口なしの状況です。

このようなテレビ番組の問題点は、戦闘を止めた人を単純に賞賛して話をまとめてしまうことで、天皇制の問題が巧みに消去されてしまうことです。このように、「戦後七〇年」

でどれほど報道が盛り上がっても、いまだにあの戦争をめぐる日本人の歴史意識は、数々のタブーによって覆われたままであることがよくわかるはずです。

堤清二の予言

さて、『永続敗戦論』では、戦後の日本人の歴史意識の中核に「敗戦の否認」があることを指摘しました。私が思うに、「被害者か加害者か」といった歴史意識をめぐる国民的分裂が尾を引き、論争は空転するばかりで深まらず、最小限の国民的合意形成すら生み出せない背景には、「敗戦の否認」があるのです。

戦後の日本は、敗戦という事実に真正面から向き合うことを避けたまま、経済復興を遂げ、世界有数の経済大国へと発展していくことになります。逆に見れば、この経済的な大成功が「敗戦の否認」という歴史意識を可能ならしめた、とも言えます。反対に敗戦を否認できない状態とは、長期にわたって「われわれは敗戦国の国民なのだ」という事実を日常的に嚙《か》みしめなければならない状態を指すのであって、それは取りも直さず大変不幸な状況です。ですから、「敗戦の否認」ができるようになったことは、戦後日本国民がある時期まではかなりの程度幸福であったことを意味します。しかし、その幸福は大きな代償を伴うものであったことが、いま見えてきています。

その代償とは何なのか。「敗戦の否認」は、国内およびアジア諸国に対しては敗戦の事実をできるだけ曖昧にしておく一方、戦後日本の庇護者であるアメリカに対しては敗戦の事実を無制限に認めるために対米従属を強めていくという二重性を生むことになります。この二面性はコインの表裏なのです。アメリカに対しては認めすぎるほどに敗戦を認めている分だけ、「俺たちは本当は負けてなんかいないんだ」という無意識の欲望は、アジア方面に対してぶちまけられることになる。その最もわかりやすい現れが歴史修正主義的な言動です。

冷戦構造下、戦後日本の支配者層の権力は、このような二重性の中で維持されてきたと言えます。しかしながら冷戦終結によって、アメリカにとって日本はもはや無条件に庇護すべきパートナーではなくなります。つまり「戦後レジーム」は土台を失ったわけです。

ここで、二〇一三年に亡くなった堤清二氏の印象的な言葉を紹介しましょう。企業家としてセゾングループを率いた堤氏は、文学者・辻井喬《たかし》としても活躍した非常にユニークな人物です。堤氏は、二〇代で迎えた敗戦を機に日本共産党に入党、党内抗争と病気のために数年で離脱しましたが、左派としての発言は死ぬまでやめなかった人物です。そんな堤氏は、亡くなる数年前に次のようなことを言っていました。「アメリカがますます衰退を深める中で、その衰退のツケを全部日本に回してくるだろう。本当に大変な時代になります」と。これは本質をズバリとついた指摘です。

歴史的に遡ると、アメリカの衰退は一九七一年のニクソン・ショックあたりから、表面化してきています。あらゆる国がそうだと思いますが、衰退が始まったときに、「衰退は避けられないのだから、それは仕方がない」と言って諦《あきら》める国はありません。何とかして衰退を食い止めてやろうと考えて、精一杯足掻《あが》きます。衰退が始まったといっても、アメリカは何しろ圧倒的な軍事力を持っていて、その通貨は基軸通貨である覇権国なわけですから、そのツケをいくらでも回せるわけです。

では、それをどこに回すのか。一番言うことを聞きそうなところに回してくるのは、当然でしょう。どの国も自国の国益を追求するものなのだから、アメリカは国家として当然の振る舞いをしているにすぎません。堤氏は、極めて冷静な視点から、「本当に大変な時代になります」と言ったのです。彼の指摘は、安全保障問題やTPP（環太平洋パートナーシップ協定）問題などで明瞭に現実化してきています。

強大なパワーを持った国というのは、常に恐ろしい存在ですが、特にその崩壊の寸前が一番恐ろしい。その強大なパワーを保つだけの内的な力を失っているのにもかかわらず、何とかしてそのパワーを維持しようとする、そのときに一番凶暴性を発揮する。そういう意味で、現在、衰退を深める過程にあるアメリカは本当に怖い存在であると言えます。

なぜ日本人は抵抗しないのか

繰り返しますが、アメリカの立場に立ってみればツケを回してくるのは自然なことであり、そういう局面に私たちは直面しているということにすぎません。ですから問題はアメリカにあるのではなく、ツケを回される立場にある日本にあります。

冷戦構造が終わった時点で、日本はアメリカにとって、アジアのナンバーワン・パートナーではなくなった。アメリカにとっての日本は、「庇護」する対象から「収奪」する対象になったと言えます。だとするなら、当然、日本の方は、それに抵抗しなくてはなりません。では、なぜ抵抗しないのか。

ひとつには、身も蓋《ふた》もない言い方をすれば、その根性がないからです。つまり、政治家や官僚、あるいは一般国民にまで「永続敗戦レジーム」「対米従属」が深く沁《し》みこんでいるので、長い間慈悲深かったアメリカに対して抵抗するという気概も発想もそもそも出てこない。

もうひとつの理由としては、抵抗しないことで――より正確に言えば、収奪攻勢に対して迎合することで――権益を得る人々が、政界、官界、財界、学界、メディアといった広範囲に多数存在しているからでしょう。対米従属利権共同体の存在です。

とはいえ、この共同体のリーダーたちはエリートですから、少々頭を働かせば、いま日本が置かれている状況について理解できないはずがない。そこで一種の心理操作が行なわれる。本来抵抗しなければいけないと思いながらも、それをしない状態では、非常に心理的負荷が高くなります。そのとき、人間は、抵抗なんてしなくたっていいんだ、抵抗しなければいけないと言っている奴は頭がおかしいんだ、といった考え方に傾き始めます。これを虚偽意識と言います。

まずは、不都合な事実を否認する。そして、否認によって生じた心的現実を本当のことだと思い込むようになる。つまり、これまで慈悲深かったアメリカは、これからもずっと慈悲深い、だからそれに黙って付いていくことが正しいのだ、と心の底から思い込むようになるわけです。こうした虚偽意識にまみれた各界のリーダーたちによって権力中枢を占拠された状況にあるのが、今日の日本です。

主権の回復

「永続敗戦レジーム」の問題を突き詰めて考えていくと、結局は主権の問題にたどり着きます。なぜなら、永続敗戦レジームから脱却しようとするならば、対米従属を相対化しなければならず、それは取りも直さず独立性を強化しなければならない、つまり国家主権をある意味で回復しなければならない、ということを意味するからです。

主権の問題は、なかなかややこしいテーマです。冷戦構造においては、第一次大戦、第二次大戦という二つの総力戦の結果として、一九世紀的な意味での主権国家というのは、アメリカとソ連の二国しかなくなってしまいました。[*10] 一九世紀的な意味での主権国家とは、自国の進路を基本的に自らの意思だけで——他国の意思に諮《はか》ることなく——決定できる国家です。

二つの世界戦争の結果、米ソ二ヶ国以外はみなどちらかの属国になったような状況が生まれました。それが冷戦構造です。そして冷戦が崩壊し東側陣営が倒れたことによって、アメリカの一極支配になり、その一極支配も揺らぎつつあるというのが、現在の状況です。

では、日本はどうするべきなのか。主権の回復を目指すと言っても一九世紀的な意味での主権国家を目指すことは、明らかに不可能です。世界には核兵器が存在しているという現実がありますし、それをやろうと思ったら結局は重武装をするしかないという話にもなり、それは現実的な選択肢とは言えません。とはいえ、ひとつ確実に言えるのは、日米関係において、異様な対米従属状態を脱して主権の回復を目指さなければならない、ということです。では、「主権の回復」と言うときの「主権」とは何なのか。

二〇一三年、サンフランシスコ講和条約が発効した四月二八日を「主権回復の日」と称して祝福するイベントが、政府の主催で行なわれましたが、あれは「主権回復の日」などではありません。なぜなら、サンフランシスコ講和条約は、日米安保条約と不可分のワンセットで結ばれたものだからです。あのイベントは、日本において主権概念がいかに混乱しているかを象徴する出来事です。

重々認識すべきは、日本の主権は異様な形で制約を受けている、ということです。それは単に、憲法九条があって、軍事力の保有や行使が制約を受けているということではありません。むしろ自衛隊は、軍備という点から見れば世界有数の有力な軍事組織なのであって、日本は軍事力が弱い国だとはとても言えません。また、平和憲法的なものがあろうがなかろうが、国益の要求をむき出しにして好き勝手に軍事力を行使できる国など、現代世界には存在しません。では、どういう意味で日本の主権は毀損《きそん》しているのか。

鳩山退陣と山本太郎の発言

その答えは、自発的隷従と従属の不可視化の構造にあります。「自発的隷従」とは、自分から付き従っているということです。これによって、支配は不可視化されます。国家間の支配従属関係、あるいは他国によって実質的に支配された傀儡《かいらい》的政府といったものは、世界的に見るとありふれた状況ですが、日本の権力の傀儡性の特徴は、傀儡性が「見えない」ようになっているところにあります。では、「見えない」状態はどうやってつくり出されているのか。それは、「敗戦の否認」を洗練の極みにまで持っていき、国民に深く浸透させることによってです。

その一例を挙げましょう。私は『永続敗戦論』の中で、鳩山由紀夫政権の普天間基地移設問題をきっかけとした退陣劇について、「アメリカが間接的に鳩山さんをクビにした」と書きましたが、これは半ば正しく半ば間違っているということが後にわかりました。[*11] 鳩山氏自身があのとき何が起こったのかに関して証言をするようになったので、内実がよくわかったのです。アメリカは直接に「どうしろ、こうしろ」とは言っていなかった。鳩山氏を引きずり降ろしたのは、日本の官僚や他の政治家たちといった周囲の人々でした。

彼らは、なぜそんなことをしたのか。あのまま行けば、鳩山氏が担《にな》おうとした「最低でも県外」という日本側の主権的な意思とアメリカの国家意思が衝突することになり、衝突したら負けるだろうと思ったからです。負けないためには最初から闘わなければいい。これは最も洗練された形の「敗北の否認」です。普天間基地移設問題に限らず、郵政民営化やＴＰＰなど、「あの件は実はアメリカの差し金だ」という話は、たくさんあります。[*12]しかし、現役の政治家や官僚は、そのことを絶対に公の場では口にしません。

二〇一五年八月の安保法制国会において、山本太郎参議院議員は、特定秘密保護法、武器輸出三原則撤廃、原発再稼働、集団的自衛権行使容認、ＴＰＰなど、安倍政権が進める一連の政策はアメリカのシンクタンクＣＳＩＳ（戦略国際問題研究所）が二〇一二年に発表した「第三次アーミテージ・ナイ・レポート」[*13]の「完コピ」であると指摘し、「いつまで没落寸前の大国のコバンザメを続ける気ですか」と問い詰めました。[*14]山本議員は、「もう、敗戦の否認をやめようよ」と言ったわけです。

興味深いのは、閣僚とその他の議員たちの反応でした。政府の人間は、自分たちの提示した政策が外国からの要求の丸写しだと指摘されたら、本来ならば、躍起になって否定するのが普通ではないでしょうか。あるいは、図星ならば、狼狽《ろうばい》すべき話ではないでしょうか。また、他の議員たちは、山本議員と共に激怒すべきところではないでしょうか。ところが実際には、政府側は「結果として重なっている部分もある」*15という腑抜《ふぬ》けた答弁でお茶を濁し、他の議員たちも白けた顔をして座っているのです。

まさにここに、現代日本政界の極限的堕落が鮮やかに表れています。安倍政権の政策がアーミテージ・ナイ・レポートのコピーであることなど、政界の誰もが知っているのです。彼らの反応が表しているのは、それを言っちゃあオシマイよ、ということなのでしょう。「本当のことを言わない限りにおいて、僕らは国会ごっこ、議会制民主主義ごっこ、政治家ごっこをして陽気に振る舞うことができているのに、それをバラしてしまったら興ざめじゃないか」というわけです。議場のほとんど全域が、「否認」で覆い尽くされているのです。

「永続敗戦レジーム」を《保守》する安倍政権

このような荒みきった政治状況を代表するキャラクターが安倍晋三総理大臣であり、彼の率いる政権です。安倍首相は「戦後レジームからの脱却」を掲げています。安倍政治の問題点を挙げればキリがないので、ここではこのスローガンだけを取り上げます。

私に言わせれば、「戦後レジーム」とは「永続敗戦レジーム」にほかならず、このレジームは耐用年数切れになっているので、そこから脱却するのだというのであれば、大いに賛成です。しかしながら、まさに永続敗戦レジームの申し子である安倍首相が本来的な意味でのそこからの脱却など、そもそもできるはずもない。安倍政権のやっていること、やろうとしていることは、実際には「脱却」ではなくて、「永続敗戦レジームとしての戦後レジーム」の「死守」にほかなりません。何しろ、ご本人が戦後レジームの出発点であるポツダム宣言を「つまびらかに読んでいない」[*16]そうですから、このような混乱が起こるのは必然的なことなのですが。

多くの人々が危惧するように、安倍政権の危うさのひとつは軍事への急傾斜が見て取れることです。二〇一五年夏から秋にかけて新安保法制に対する大規模な反対運動が巻き起こったのは、日本が平和主義という戦後の国是をかなぐり捨てて、アメリカの軍事行動の下請けをして世界中に派兵するような国になってしまうのではないか、という不安からでした。政権側は、「そんなことはありえない」と繰り返し主張しましたが、信用を勝ち得ていない。なぜなら、アーミテージ・ナイ・レポートの丸写しの件に象徴されるように、この政権ほど対米従属を底なしに深めている政権は前代未聞であるからです。その具体的な表れについては『「戦後」の墓碑銘』（金曜日、二〇一五年）という本に書きましたので、そちらを参照願います。

つまり、「戦後レジームからの脱却」と言うならば、対米従属の相対化がなされなければならないはずなのに、安倍政権のやっていることはその真逆です。対米従属をより一層深化させつつ、戦後日本の対米従属の裏面であるアジア諸国（特に中韓）との信頼感の欠如という状況を放置しています。無論、例えば二〇一五年末の韓国政府とのいわゆる従軍慰安婦問題での妥結といったように（当事者を置き去りにした政府間での「最終的、不可逆的合意」には大いに問題があるのですが）、表面的には友好関係の醸成に取り組んでいると見える動きもありますが、安倍氏は、首相になる前から、またなってから後も、歴史修正主義的な欲望を幾度も露《あらわ》にしていますから[*17]、根本的なレベルで信頼されるはずがありません。

安倍氏のこれまでの言動から推し量るに、祖父から受け継いだ悲願である「憲法改正」を実行すれば、「戦後レジームからの脱却」は大きく前進する、と彼は考えているようです。戦後憲法は、敗戦の結果として外圧によって持ち込まれたのだから、これを取り去ればレジームが変わったことになる、ということでしょう。この思考回路の単純さと的外れぶりには、驚くほかありません。戦後日本が対米従属状態にありながら、アメリカの軍事戦略に一〇〇％付き従うことがなかったのは、「憲法の制約」を盾にすることによってでした。今回、安倍政権は憲法解釈を変えて、「日本は集団的自衛権を行使できる」ということにしてしまいました。これによって、軍事的な対米追従に対する歯止めを、原理的次元で自ら捨てたのです。

なぜここまで不条理なことをやるのか。私の見るところ、これは永続敗戦レジームを維持するための行動です。繰り返しますが、このレジームは耐用年数をとっくに過ぎています。このことを象徴的に示したのがあの原発事故でした。*18 そのショックが大きかっただけに、何とかして現状を維持したいという反動の嵐が吹きすさんでいる。安倍政権とはそのような力学の象徴だと、私は思っています。

「戦後レジームからの脱却」とは、何か大きな変化をもたらすように聞こえますが、その根本的動機は「死に物狂いの現状維持」であり、「永続敗戦レジームの純化を通じた死守」にほかなりません。変化の必要性を力ずくで否認することによって、レジームの永続を図る。そのためには、戦争への参加を含むどんな手段をも用いるのではないか——そんな気配が感じられるからこそ、新安保法制に対する反対運動に多くの人々が参加したのでしょう。

なぜ五五年体制を再考するのか

「永続敗戦レジーム」は、遅かれ早かれ崩壊します。それはもう存在根拠を二五年も前に失っているので、私たちがそれを批判しようがしまいが、存続しようがないのです。私たちの課題は、何とかしてレジームの転換をソフトランディングによって実現することです。もしそれができなければ、戦争や経済崩壊、あるいはその両方といった形で矛盾が整理される（ハードランディング）ことになるでしょう。

ソフトランディングとは、日本国民が自らの手で必要な改革を成し遂げ、社会と政治を変化させることです。そのためには、なぜいまこうなっているのかを、歴史的経緯を含め深く理解しなければなりません。本書の目的は、特に政治の領域で、永続敗戦レジームがどのように維持され、その清算が失敗してきたのかを把握することです。この把握が正確になされたとき、いま何をなすべきかが、自ずと見えてくるでしょう。

ところで、『永続敗戦論』の中で私が、「永続敗戦」「敗戦の否認」という概念を明確化するために、あえて落とさざるを得なかった重要な論点がひとつあります。それは、永続敗戦レジームが戦後七〇年間もの間、一定不変であったわけではないということです。それは、国の経済状態、国民の生活水準等々、多くの変化に伴って内的変化を遂げてきました。この本では、永続敗戦レジームが戦後どのような変化を遂げ、現在の惨状に至っているのかについて、その一端を見ていきたいと思います。

そこでまず、戦後七〇年間のうちで最も永く続き、「平和と繁栄」をもたらした「五五年体制」について考えなければなりません。五五年体制とは、ひと言で言えば、冷戦構造下のグローバルな秩序の、日本版のミニチュアのようなものでした。「永続敗戦レジーム」としての戦後レジーム」は、五五年体制下においては、ある面ではうまく機能していました。うまく機能していただけに、その基盤が失われたときに本質的な意味での対応ができず、今日に至っているのです。

一九九〇年前後に冷戦構造は終結しましたから、本来冷戦構造の日本版であるところの五五年体制もまた同時に終わっていなければなりません。実際に、そのための試みも行なわれました。その結果、確かに、自民党と社会党という第一党、第二党がほぼ不動の形で機能する形の政治体制は終わりましたが、その次の体制と呼べるような政治的な骨格ができたかというと、結局できなかった。

冷戦崩壊直後の日本では、ポスト五五年体制として保守二大政党制ができると言われていましたが、これがまったく機能しないことが明らかになったのが、今日の状況です。新たな体制が生まれないために、「永続敗戦」の状態が顕在化してしまったのです。
日本政治は、なぜポスト冷戦期の新しい構図にまともに対応できないのか。その理由の一つは、五五年体制の本質が正確に理解されていないことです。表面上それは、崩れたといえば崩れたのですが、その次の体制の構築とは二五年もの間、できていない。それがなぜなのか、次章で見ていきたいと思います。

注

＊1 加藤典洋「敗戦後論」『群像』一九九五年一月号。

＊2 加藤典洋『敗戦後論』講談社、一九九七年、七－九八頁。

＊3 「悪い戦争にかりだされて死んだ死者を、無意味のまま、深く哀悼するとはどういうことか。／そしてその自国の死者への深い哀悼が、たとえばわたし達を二千万のアジアの死者の前に立たせる。／そのようなあり方がはたして可能なのか」（加藤典洋『敗戦後論』七五頁）。

＊4 ベトナム反戦運動と第二次世界大戦における日本人の加害者性の自覚については、小熊英二『〈民主〉と〈愛国〉――戦後日本のナショナリズムと公共性』（新曜社、二〇〇二年）五八六－五九七頁を参照していただきたい。

＊5 森村によると、「抗議電話は鳴りつづけ、夜中、窓に投石された。仕事場のドアに赤ペンキ

をぶちまけられ、連日、抗議の手紙や脅迫状が配達された。右翼の街宣車が押しかけて」来て、外出時は防弾チョッキを着ていたような状況だったという（森村誠一公式サイト「悪魔の飽食　著者解説」）。http://morimuraseiichi.com/?p=9111

＊5　韓国側は日本による経済協力を条件に最終的に賠償の請求権を放棄した。日本からは総額八億ドルの供与・借款など援助資金を韓国に支払うこととなった（「日本国と大韓民国との間の基本関係に関する条約」）。http://www.mofa.go.jp/mofaj/gaiko/treaty/pdfs/A-S40-237.pdf

＊6　談話の一部を抜粋する。「わが国は、遠くない過去の一時期、国策を誤り、戦争への道を歩んで国民を存亡の危機に陥れ、植民地支配と侵略によって、多くの国々、とりわけアジア諸国の人々に対して多大の損害と苦痛を与えました。私は、未来に誤ち無からしめんとするが故に、疑うべくもないこの歴史の事実を謙虚に受け止め、ここにあらためて痛切な反省の意を表し、心からのお詫びの気持ちを表明いたします。また、この歴史がもたらした内外すべての犠牲者に深い哀悼の念を捧げます」（「村山内閣総理大臣談話　戦後五〇周年の終戦記念日にあたって」）。http://www.mofa.go.jp/mofaj/press/danwa/07/dmu_0815.html

＊7　「国民国家」批判に関して、当時参照された代表的な文献としては、ベネディクト・アンダーソン『想像の共同体——ナショナリズムの起源と流行』（増補版、白石さや・白石隆訳、NTT出版、一九九七年）、E・ホブズボウム、T・レンジャー編『創られた伝統』（前川啓治他訳、紀伊國屋書店、一九九二年）、西川長夫『国民国家論の射程——あるいは〈国民〉という怪物について』（柏書房、一九九八年）などがある。

＊8　BS日テレ「深層NEWS」二〇一五年八月一一日放送。

＊9　NHKスペシャル「〝終戦〟知られざる7日間」二〇一五年八月一六日放送。

＊10　福田恆存は戦後、「第二次世界大戦後の世界で単独防衛可能な国は米ソ二国にすぎず、戦後の世界においては戦前のような意味での独立国は存在し得ない」といった趣旨の発言を何度も行なっている。「日米両国民に訴へる」『福田恆存評論集』第一〇巻（麗澤大学出版会、二〇〇八年）など。主権の概念については、白井聡『永続敗戦論』一三九－一四一頁も参照していただきたい。

＊11　鳩山由紀夫・孫崎享・植草一秀『「対米従属」という宿痾』（飛鳥新社、二〇一三年）、「講演　鳩山元総理が明かす『辺野古新基地』の真相」（二〇一六年二月四日　https://www.youtube.com/watch?v=m6N1w4adt-c）などを参照。

＊12　郵政民営化におけるアメリカの関与については、「平成一七年八月二日　参議院　郵政民営化に関する特別委員会」等を参照していただきたい。
http://kokkai.ndl.go.jp/SENTAKU/sangiin/162/0087/16208020087012c.html

＊13　「第三次アーミテージ・ナイ・レポート」
http://csis.org/files/publication/120810_Armitage_USJapanAlliance_Web.pdf
和訳は、http://www.iwj.co.jp/wj/open/archives/56226 を参照のこと。

＊14　「平成二七年八月一九日　参議院　我が国及び国際社会の平和安全法制に関する特別委員会」
http://kokkai.ndl.go.jp/SENTAKU/sangiin/189/0192/18908190192010.pdf

山本太郎『みんなが聞きたい 安倍総理への質問』集英社インターナショナル、二〇一六年。

*15 同前、中谷元防衛大臣の答弁。

*16 「平成二七年五月二〇日 両院 国家基本政策委員会合同審査会」での発言。http://kokkai.ndl.go.jp/SENTAKU/ryoin/189/9001/9001001.pdf

*17 一例として河野談話・村山談話についての発言を上げる。「当時の自社さ政権で村山富市元首相が出した談話だが、あれからときを経て二一世紀を迎えた。私は二一世紀にふさわしい未来志向の安倍内閣としての談話を発出したいと考えている」「河野洋平官房長官談話は官房長官談話であり、閣議決定していない談話だ。(平成) 一九年三月には前回の安倍政権が慰安婦問題について『政府が発見した資料の中には軍や官憲によるいわゆる強制連行を直接示すような記述は見当たらなかった』との答弁書を閣議決定している」(「詳報 安倍首相インタビュー TPP、集団的自衛権、村山談話、憲法改正…」MSN産経ニュース、二〇一二年一二月三一日)。http://sankei.jp.msn.com/politics/news/121231/plc12123102070001-n1.htm この発言に対して、二〇一三年一月三日付のニューヨーク・タイムズは、「歴史を否定する新たな試み」と題し、安倍首相の発言を「重大な過ち」と批判、「こうした修正主義は、日本にとって恥ずべき愚かなこと」と論じている(『産経新聞』二〇一三年一月四日)。

*18 白井聡『永続敗戦論』六一-五〇頁を参照していただきたい。

第一章 五五年体制とは何だったのか

——「疑似二大政党制」の構造的実相

五五年体制の地政学的条件

五五年体制とは何だったのか。前章の最後に述べたように、結局、五五年体制の本質をその当事者たちがよくわかっていなかったからこそ、それが存立しえなくなったとき、新しい条件に対応できないという危機的状況が今日に至るまで続いているわけです。

五五年体制については、様々な角度から論じられてきましたが、まず議論の補助線として、いわゆる「戦後民主主義」と呼ばれる体制について地政学的な観点からとらえてみたいと思います。地政学は、ジオポリティクス（Geopolitics）とも言いますが、簡単に言えば、ある国や地域の地理上の位置が、その国の政治や国際関係にどのような影響を及ぼすのかについて考える学問です。どの国家も、地球上のある一定の空間を占めており、特定の地理的状況に置かれているので、地理的状況からその国の政治のあり方が規定されるという側面があります。その研究をするのが地政学というジャンルです。

これから話すことは『永続敗戦論』で展開した議論とも重なりますが、重要なのは、戦後民主主義なるものが、冷戦下の日本が享受した地政学的余裕によって成り立っていた、という事実です。

戦後日本では議会制民主主義に基づく政体を維持されてきました。しかし、戦後の日本が自由民主主義陣営の先進国のスタンダードな政体、すなわち国民に政治的自由を保障し、多党制に基づいて国家が運営されるという体制の体裁を整えることができたのは、実は地理的に有利な状況にあったからである、と言えます。そのことは、冷戦構造でアメリカと同盟した他のアジア諸国と対比することによって明らかになるでしょう。

例えば、韓国では、長年独裁的・権威主義的な政権が続きました。あるいは、台湾にも国民党の一党独裁体制があった。日本と韓国や台湾との違いはどこから来たのか。それは、ひとことで言えば、前線と最前線との違いです。つまり、冷戦下の日本は、アメリカによって、アジアにおける冷戦の自由主義陣営の前線基地として位置づけられましたが、しかし最前線ではなかった。

ちなみに、「冷戦」という言葉もつい違和感なく使ってしまいますが、本来おかしなことです。アジアでは朝鮮戦争とベトナム戦争という東西対立に基づく大きな戦争があったのですから、「冷たい戦争」とは呼べません。ところが、日本人は、普通にこの言葉を使ってしまう。これはつまり、知らず知らずのうちに欧米人の視線を勝手に内面化しているということです。確かに、東西対立は北米と欧州では大きな軍事衝突には至らず、「冷たい」状態にとどまったのですから。ここにも、日本人の脱亜入欧の欲望が表れており、それは歴史意識の歪《ゆが》みに結びついています。

さて、最前線とは、北朝鮮と直接対峙《たいじ》する韓国であり、また中華人民共和国と対峙する台湾です。これらの冷戦下の最前線に位置した地域においては、民主主義の確立を唱える余裕はなかったわけです。自由民主主義は、多様な意見の並立を是とします。もちろん、多様な意見の中にはマルクス主義的立場も含まれるでしょう。しかし、東西対立が厳しかった頃の韓国や台湾においては、マルクス主義などは敵性学問、すなわち敵を利するばかりか、敵を内部に引き込む思想であると見なされ、到底認められないものでした。要するに、冷戦時代の韓国や台湾は、「準戦地」であったので、民主主義は二の次にされたのです。

これに対して、日本はそこまで厳しい状況には置かれていなかった。だからこそ、マルクス主義を党是とする社会党や共産党が議会で多数議席を獲得することができたのであり、社会党の場合は、ほぼ不動の第二党の地位を占めることも可能になりました。それは日本が地理的条件に恵まれていたという側面も大きかったはずです。

そうは言っても、日本には大正デモクラシーの伝統もあり、それが戦後に復活したのだ、という考えもあるでしょう。しかし、仮に朝鮮戦争で北朝鮮側が半島の武力統一に成功していたならば、戦後日本がどうなったか、想像してみるとよい。その場合、社会主義陣営と日本を隔てる領域は海以外にはなくなり、日本は最前線となります[*1]。そうなったならば、社会党や共産党、さらにはそれらの影響下にある労働組合などが存在を許されただろうか、あるいはマルクス主義の自由な研究が大学で許されただろうか。私は大いに疑問だと思います。アメリカは、日本の軍事要塞化と再軍備を有無を言わさず強制したであろうし、旧軍人や旧ファシストの復権ももっと積極的になされた可能性が高い。そうなったならば、アメリカ側から保守的にすぎるとしばしば考えられた吉田茂ですら、立場を危うくされただろうと思います。吉田は日本の旧軍部を激しく嫌っていましたから。

日本は、冷戦の最前線を他地域に担ってもらうことによって、このような過酷な運命を免《まぬが》れ、自由民主主義を享受することができた。このことが自覚されていないからこそ、冷戦の終結によって日本の地政学的環境が大変更を受けて以来、民主主義が機能不全状態に陥っているのです。後で言及しますが、このような構図の外部に位置するのが、日本の中では例外的に冷戦の最前線として位置づけられた沖縄です。沖縄は、戦後民主主義の外部なのです。だからこそ、いま沖縄から、現代日本政治に対する根本的な異議申し立ての動きが出てきているのです。

「イデオロギー対立」の代理戦争

先に、五五年体制は、冷戦構造の日本版ミニチュアだと述べました。そこで次に、五五年体制をイデオロギーの側面から見てみましょう。

森喜朗元首相が、民主党政権時代、「ねじれ国会」が問題視されていたときに面白いことを言っています。[*2] 衆議院と参議院で与野党が逆転していると、衆議院で通った法案が参議院で通らなくなる。そうすると何も決まらなくなります。この状況に対して、森さんは次のような批判を述べました。

いわく、かつての五五年体制のもとでもたまにねじれることがあったが、そのときでも当時の国会議員はちゃんと物事を決めていた。それに対して、今の連中はいったい何をやっているのだと。では、なぜ昔はねじれていても、決めることができたのか。五五年体制のもとでは、自民党と社会党は鋭く対立していたはずです。森さんはその理由を、自民党と社会党の対立がイデオロギーの対立だったからだと説明します。冷戦構造下ですから、自民党は資本主義・自由主義のイデオロギーを代表し、社会党は社会主義を代表する。そのようなイデオロギーの対立に基づいていたがゆえに対立陣営の間でも話がちゃんと通じて、決めるべきことは決められた、というのです。

森さんいわく、物事は次のように決められていた。自民党側は政府与党として法案を出します。野党第一党である社会党は常にそれに反対します。しかし、それは単にイデオロギー上の対立だから、批判などしたいだけさせればいい、しかるべき時間を取って「相手の顔が立つ」ようにすれば、社会党側も気が済むので、そろそろ落とし所を決めようということになってくる。そこで、与党自民党が若干の修正に応じれば、最後は強行採決になっても、法案は通るというわけです。

しかし、時にそれだけでは、社会党の側が納得しないこともある。その場合はどうするのか。そのときのために、内閣官房機密費というものがある。要するに、使途不明にしても問題のないお金です。そこからいくらか袖《そで》の下《した》を渡して、ご納得いただく。*3 これが、五五年体制における国会の内幕だった、というわけです。

五五年体制においては、各党の国対委員長というのが非常に手腕が問われるポストでした。国対委員長は、このような裏取引を実行する役割を担っていたからです。そうすると、五五年体制とは、いわば、勝者と敗者があらかじめ決まっていて、敗者の側にも一定の見せ場が用意されたプロレスのようなものだった、と言えるかもしれません。

この時代、自民党は万年与党と言われ、社会党は万年野党と言われました。選挙をやれば自民党は常に勝つ。社会党は常に負ける。ところがそこには、さらにねじれた要素が入っていました。自民党は確かに政権を握り続けるわけですが、結党以来の悲願をいつまでも達成することができないままだった。それは何かというと、「憲法改正」です。自民党は、自主憲法制定を結党以来の綱領として掲げ、党のアイデンティティとしていましたが、国会で三分の二以上の議席をおさえないと憲法改正手続きを進められません。そういう意味では、自民党は勝ち続けていたけれども、同時に負け続けたとも言えます。それに対して社会党は、政権を取れないので負け続けていたけれども、改憲は阻止できているので、その意味では勝ち続けてきたとも言えるわけです。

さらに、六〇年代、七〇年代の自民党は、自主憲法制定＝改憲を、「戦後憲法は国民に定着している」という理由づけによって半ば公式的に棚上げさえしてしまいます。これは、結党の当初目的からすれば、大きな後退のはずです。ですから、両陣営とも、勝利と敗北を同時にし続けるという非常に奇妙な状態にあったとも言えるでしょう。こうして、「勝った、負けた」のプロレスに興ずることができたわけです。

それが成立しえたのは、双方ともに現状に満足していたからです。自民党としても、党内にも根強かった改憲反対論を押し切ることにはリスクが伴ったし、社会党としても、自分たちのイデオロギーをきちんと国会の場で打ち出したところである程度の満足を得ることができ、それを続けることで党の支持者をつなぎとめることもできていた。

　さらに、五五年体制が冷戦構造のミニチュア版だと言うのは、イデオロギーの側面にとどまるものではありません。もっと実体的な意味で、自民党の背後にはアメリカがいたわけです。保守合同という形で五五年体制ができたときにＣＩＡの工作費が入って自民党が結党された、という経緯が存在します。[*4] それに対して社会党の背後にいたのは、ソ連です。この点には複雑な経緯があるのですが、社会党はもともとはソ連との関係は薄かったはずなのに、ある時点から関係を深めていくことになります。以上のように、五五年体制はプロレス的であったのと同時に、米ソの代理戦争という側面も持っていました。

自民・社会ともに「ゆるい傀儡」

　では、五五年体制における日本政治の自立性はどこにあったのでしょうか。いまの私の説明では、第一党、第二党ともに主体性が全然ないではないか、と言いたくなります。ところが面白いことに、アメリカの傀儡である自民党とソ連の傀儡である社会党を掛け合わせると、マイナスとマイナスを掛けるとプラスになるように、実は主体性が生まれてくるという面白い仕掛けがありました。

冷戦の大局的構造の中で、アメリカは自民党を自らの代理と見なしている。では、自民党は、「親分」であるアメリカの言うことを一〇〇％聞かなければいけなかったかというと、そうではなかった。「親分」の命令を聞きたくないときには、様々な言い訳ができたわけです。いわく、国内には社会党という対抗勢力がおり、さらにその傘下には強力な労働組合がある、これらがネックになるという言い訳をすることで、アメリカの完全な操り人形にならずに済むことができました。

他方で、社会党の方はある時期からソ連の影響を受けるようになったとはいえ、もし真の傀儡だとするならば、ソ連は社会主義革命を世界中に広げていくという目標を建前として持っていましたから、それに従わないといけない。つまり日本における親ソ的社会主義政権の樹立に向けて、あらゆる手段を使って邁進《まいしん》しなければならない。しかし、ソ連は日本の社会党にそんなことは到底期待していなかったでしょう。仮に本気でやるとすれば、基地をはじめとするアメリカの勢力を日本からすべて追い出さねばならないわけですから、追求できる現実的目標ではなかった。ですから、社会党にはそこそこ自民党を抑えてくれればよいという程度の期待が懸けられていたと思われます。

つまり、自民党も、社会党も、それぞれ「ゆるい傀儡」なのです。「ゆるい」というところがミソであり、だからこそ、お互いに自己主張をして、そこその落とし所を見つけて、妥結することができたわけです。その妥協点はどこにあるのかといえば、だいたい国民全般の利益、国益というところに落ち着く。ですから、主体性ゼロと見える体制が、意外なことに、国家として自立性を保っていました。

自民党としては、イデオロギーが対立する敵だからといって、社会党を壊滅に追い込んでしまえば、自分たちの傀儡性を緩《ゆる》めるメカニズムが働かなくなりますから、そんなことはしない方がよかった。社会党としても、党の存亡を懸けて革命闘争に打って出るよりも、野党第一党の地位を守った方が好都合だった。こうして、五五年体制は、プロレス政治、あるいは談合の政治となっていったわけです。

その体質を物語る一例を挙げます。ノーベル平和賞を受賞した佐藤栄作は、在任期間七年八か月という長期政権を維持しましたが、なぜそんなことができたのかというと、彼は心配りに長《た》けた人だったことが一因だと言われています。「人事の佐藤」とも言われました。なんと、佐藤は落選した社会党の議員にお金を送っていたという話があります。いかに五五年体制における談合体質が強烈なものであったか、ということを象徴するエピソードです。[*5]

五五年体制の成立史

しかし、森喜朗さんのように五五年体制を懐《なつ》かしがるだけでは、事柄の一面しかとらえていないことになります。五五年体制には、見てきたように、ある面では機能するメカニズムがあったとは言える。しかし、やはりそこに大きな欠陥がはらまれていたからこそ、その崩壊から現在に至るまで機能するレジームが成立するに至らないのではないか。

そこで、五五年体制を歴史的に振り返ってみましょう。まず、どのようにして成立したのかについて、簡単に見ていきます。

一九五一年九月のサンフランシスコ講和条約締結の際、日本はアメリカをはじめ自由主義陣営の国との間では、講和条約を締結できましたが、中国をめぐって問題が生じました。台湾の中華民国と中華人民共和国のどちらと講和を結ぶべきか、という問題です。

当時のアメリカは、国民党の支配する台湾（＝中華民国）こそが真の中国であるという見解をとっており、北京の政府を認めていなかった。ゆえに中華人民共和国政府は、そもそも調印に呼ばれもしませんでした。それを不服としたソ連は、サンフランシスコ講和条約の調印を拒否します。そんな状態で締結されたわけですから、日本から見て最も重要な交戦国である中国や東側陣営のボスであるソ連とはカタがつかない。ゆえに当時、「片面《へんめん》講和」とも呼ばれました。

このような形での国際舞台への復帰は、結局、冷戦構造下の日本はアメリカにべったりとくっついていくしかない、ということを意味していたわけで、社会党の左派は、この条約を拒否します。それに対して社会党の右派は、ひとまずは占領軍の駐留が続いている状態にピリオドを打つために、片面講和にすぎないとはいえ、ここで主権を回復すべきであると主張します。こうして、サンフランシスコ講和条約をめぐって、社会党は左派と右派に分裂することになりますし、当時の国内では「全面講和か片面講和か」という論争が激しく闘わされます。

結局、政府与党（自由党・吉田政権）はこの片面講和を押し切っていくことになります。そうなると、いわば既成事実に流される形で、この論点にこだわり続けても仕方がないということになり、分裂していた左右社会党は一九五五年に再び統一します。これに対して、保守陣営は脅威を感じます。強力な社会党が労働組合を通じて労働者階級を組織し、政権を狙ってくる。これに対抗するためには保守も一丸となるべきだということで、自由党と日本民主党が合体するという保守合同が起こる。こうして自由民主党が成立します。これが五五年体制の始まりです。

岸信介の二大政党論

この保守合同のキーマンの一人は、岸信介です。岸の回顧録*6が出版されていますが、それを読むと実に面白い。六〇年安保の問題を中心に、岸は毀誉褒貶《きよほうへん》の激しい人物ですが、他方で大変に頭のキレる人物であったことが回顧録からもよくわかります。岸は、議会制民主主義を運営していくうえでは、強力な政治指導が必要であり、そのためには二大政党制のようなしっかりした政党政治が必要であると言っています。当たり前のことを言っているように聞こえるかもしれませんが、なぜ岸がわざわざそんなことを強調したかというと、戦前の苦い経験が尾を引いているからです。

戦前の日本でも大正デモクラシー以降は政党政治が定着していましたが、最終的にそれは軍部の力によって押し潰されていきました。その過程では政党自身が自滅した側面もありますが、いずれにせよ戦前の政党政治は脆弱な基盤の上に成り立っていた。貴族院や枢《すう》密院《みついん》といった政党の権力が及ばない制度があったり、元老といった憲法外の存在が重きをなしていたりしたからです。さらに、「統帥権《とうすいけん》の独立」という概念に代表されるように、軍部にも独立性があるうえに、軍部の中でも陸軍と海軍が激しく対立していた。

ゆえに、戦前の権力構造は恐ろしく複雑で、ある意味ではとても多元的なものでした。権力が分散しており、誰が実権を握っているのか判然としないシステムだったわけです。

農商務官僚であった岸が満州に行った理由も、満州国ではまだ権力の構造自体が存在していなかったので、自分の力でもっと有効な権力のシステムを成形できると考えたからだ、とも言われます[*7]。国内では、権力が分散して不透明な形で散らばっているために、革新的な政策を推進しようとしても、必ずいろいろな方面から足を引っ張られ、ぐちゃぐちゃになって訳がわからなくなる。戦後、岸はこうした戦前戦中の体験をふまえて、強力な政党による政治指導の重要性を強調したわけです。

回顧録では、岸が二大政党制を推奨した背景は、さほど明示的には語られていません。戦前の日本が政友会と民政党の二大政党制に近かったということや、アメリカやイギリスの政党制を念頭に置いていたのかもしれません。あるいは、弱小政党が多数乱立するような状況で連立内閣を組んでも、結局みんな言い分が違うので、強力な政治指導は到底できない。そういうことを考えていたのでしょう。

岸がイメージしている二大政党制は、保守陣営と革新陣営です。当時の状況でいえば、それは明らかに自民党と社会党を指していました。かつ面白いことに、岸は、自民党と社会党は限りなく接近すべきだとも言っている。なぜなら、彼の考える二大政党制は政権交代を可能にするものでなければいけないからです。そして、政権交代を可能にするためには、保守と革新といえども、まるっきり違う政策を唱えていてはダメである。仮にそういう状態で政権が交代したならば、大きな混乱が起きることになる。

こういう岸の持論は、建前ではなかった。その証拠として、岸は戦後政界に進出するに際して、保守陣営ではなく社会党に入党しようとしました。断られてしまうのですが。本人いわく、自分は左に位置する社会党の中の一番右の存在になると。もともと岸には国家社会主義的な思想があり、戦前の官僚時代から社会主義的な要素を含む、いわば統制された資本主義を理想としていましたから、社会主義政党としての社会党（その右派）に対して違和感がなかったのです。岸はさらに言います。保守の中にも左翼的な人間がいるべきだし、革新の側にも右翼的な人間がいるべきである、と。そして、保守陣営の山の一番左側と革新陣営の山の一番右側の裾野が交われば、政権交代が可能な二大政党制になる、と主張しています。[*8]

現実に対応できなかった社会党

これが岸の思い描いた五五年体制の理想だったとするならば、では現実はどうだったでしょうか。確かに自民党が第一勢力の立場を、社会党が第二勢力の立場をそれぞれ確保したわけで、二大政党制にやや近いシステムで推移していくことになりますが、岸が思い描いたようには、両者が接近するということは起こりませんでした。その原因はどこにあったのでしょうか。

自民党の側は政策的な次元で接近をしていきました。国内の階級闘争を緩和するために、福祉国家的な政策によって、富の再分配や福祉の充実といった社会主義的な要素を含む政策を推進せざるをえなかったからです。つまり自民党の政策の中には、社会主義的な要素がかなり取り込まれていったわけです。田中角栄の政治が、その象徴であったと言えます。[*9]

では、社会党の側はどうだったのか。社会党は結局のところ五五年体制の中で、徐々に力を落としていく、つまり国会での議席を減らしていくことになります。労働者階級を代表する党として階級闘争路線を取りますが、経済成長の時代が続く中、階級色を薄めて国民政党へと脱皮することができないまま、党勢を衰えさせていくことになります。

もともと社会党はマルクス主義思想をベースに置いていた政党です。マルクス主義にはいくつかのテーゼがあります。例えば、資本主義国家は必ず帝国主義国家に変貌して対外膨張を画策する。その結果、帝国主義国家同士がぶつかって大戦争になる。このテーゼは、二つの世界大戦で現実のものとなりました。ところが、第二次大戦後は、そのような形での帝国主義国家間の戦争は起こらなかった。つまり、マルクス主義の理論が当てはまらなくなったわけです。

あるいは別のテーゼとして、窮乏化法則[*10]というものがあります。資本主義が発展すればするほど、資本による労働者への搾取は激しくなり、労働者階級はどんどん貧乏になっていくという法則です。しかし二〇世紀後半、日本を含む先進資本主義諸国において起こったのは、大衆の富裕化でした。そうなると当然、こういったマルクス主義の根本的な命題のいくつかを、何らかの形で修正せざるをえなくなります。窮乏化法則は社会主義革命の必然性に直結するものですが、資本主義の下で大衆が豊かになっているのならば、なんで革命をやるのかわからないことになります。

ならば、社会党は世界観を修正しなければならないことになりますが、結局それができなかった。ただし、社会党員がみな手をこまねいていたわけではなく、変えようという動きも確かにありました。一九六〇年代、社会党の中で構造改革論というものが出てきます。簡単に説明するならば、暴力革命などの急進的な手段とは完全に手を切って、漸進《ぜんしん》的に社会を変革していくという考え方です。

これを唱えた代表的な人物として、江田三郎が挙げられます。江田は、古典的なマルクス主義のテーゼのいくつかは明らかに現実と合致しない、社会主義の実現の仕方を再考しなければいけないという問題提起をします。江田は、一九六二年には、「アメリカの平均した生活水準の高さ」、「ソ連の徹底した生活保障」、「イギリスの議会制民主主義」、「日本国憲法の平和主義」の四つを掲げた「江田ビジョン」[*11]を発表、党の内外から多くの賛同者を獲得しました。しかし結局、内部でのゴタゴタした派閥闘争、人的対立などによって、江田の主張は社会党の党是にはなりませんでした。

政権交代が決して起こらない「プロレス」

こうして、社会党は古典的マルクス主義の命題を捨てられない状態にとどまることになります。高度経済成長期、明らかにみんながだんだん裕福になってきている時代において、貧困ラインすれすれに押し込められた労働者階級を代表する党というイメージは、もはや大衆にはピンとこなくなってきた。しかし、社会党としてはそれをきっぱりと変えることはなかなかできなかった。それは、先に指摘したとおり、自民党と社会党の対立がイデオロギーの対立だったからです。自民党は資本主義を代表するのだから、社会党はあくまでマルクス主義に基づく古典的な社会主義を唱え続けなければならない。そこに固執することになるわけです。

ですから、結局は岸が考えたような政権交代が可能な二大政党制は実現せず、現実には政権交代が決して起こらないプロレスが生み出されてしまったというわけです。

こうした政治構造が何を生み出すかというと、お決まりの政治腐敗です。政権交代が行なわれず、万年与党ということになれば、当然のごとく、与党に自動的にカネが集まり、利益誘導が横行する。野党の方でも、本来は政権獲得を目指すはずですが、万年野党ということになると、そもそも政権を獲得する意欲がなくなってくる。ある程度の議席さえ押さえておけば、それでいいじゃないか、むしろここで大勝負に出て、政権を取りに行って大敗を喫したらその方がダメージが大きい、といったように、野党であることに満足してそれに甘んじる態度が出てきます。

そうした弛緩《しかん》した状況の中で、社会党は徐々に党勢を衰えさせ、ようやく八〇年代に入った頃から、労働者階級の党から国民政党へと脱皮しようとしますが、[*12] 時すでに遅しで、党勢を回復できませんでした。

そんな中、ついには、この構造自体を打ち壊す事件が外から起きてしまいます。冷戦構造の崩壊です。

小沢一郎の構想

冷戦構造の崩壊に日本の政界で一番鋭く反応したのは誰かというと、それは小沢一郎氏でした。ソ連崩壊によって五五年体制下における資本主義と社会主義の長い戦いに、最終的にケリがついたことになった。自民党としては長年の宿敵をついに打ち破ったと喜ぶところですが、小沢氏の慧眼《けいがん》は、「よし敵を叩きのめした、これで安心だ」とは思わなかったことです。

小沢氏は冷戦崩壊が日本政治に何をもたらすのか、重要な点を見抜いていました。つまり、世界的な冷戦構造が崩壊することで、その副産物である日本の五五年体制そのものもぶっ壊れたということに、逸《いち》早く気づいたわけです。

実は、冷戦構造が崩壊したことによって、自民党自身もアイデンティティを失ってしまったのです。自民党は「親米保守」の政党です。しかし、そもそも「親○保守」という立場は奇妙なものです。というのは、保守は一般にナショナリストであるはずです。そのナショナリストが、特定の外国との「親密な」関係を前提にしているというのは、本来おかしな話です。それでも親米保守という立場が存在し得たのは、ソ連という日米共通の敵があったからこそのことでした。

また、自民党にはさまざまな派閥があり、いろいろなタイプの政治家がいました。社会民主主義に近い考え方を持つ政治家から、新自由主義的な考え方を持つ政治家まで、よく言えば多彩、悪く言えばバラバラでした。ただし、様々な立場を束ねる唯一の共通理念がありました。それは何かと言えば、ソ連型の共産主義はダメだ、これが入ってくることに対しては徹底的に戦わなければならない、という考えです。ですから、ソ連が消滅した時点で、自民党も理念を失ったということになるわけです。五五年体制が崩れたときに、社会主義イデオロギーに依拠できなくなって基盤が崩壊したのは社会党だけではなかった。自民党も実は終わったのだ、このことに小沢氏は気づいたわけです。

そこで小沢氏は自民党を飛び出して、自民党への対抗軸を作ろうという運動を始めます。そして、かつて岸が言ったような、政権交代が可能な二大政党制の確立をしきりに唱えるようになります。一九九三年に出版された『日本改造計画』のなかで、彼は次のように述べています。

「選挙民が均質で、それほど思想的にかけ離れていなければ、競争原理からいって、選挙は具体的政策をめぐる二大陣営の争いになるだろう。その結果、国の基本理念を同じくする二大政党制が確立しやすくなる。／小選挙区制では、得票数の開き以上に議席数が開くので、支持率の変化が敏感に議席に反映され、政権交代がおきやすくなるという点も見逃せない」[*13]

では、小沢氏は、どんな二大政党制をつくろうとしたのでしょうか。彼は、自民党を飛び出した当初、「自己責任」を強調する新自由主義的に聞こえる主張をしていました。[*14]新自由主義を新しい軸にして、自民党的なものと競おう、というわけです。小沢氏は基本的には保守陣営から出ていますから、自らの立場を革新とは言わないし、革新という立場自体が冷戦構造と共になくなったという雰囲気が広がったので、「保守二大政党制」と言いました。

冷戦崩壊後の迷走

冷戦崩壊直後の日本政治におけるキーマンは、間違いなく小沢一郎氏でしたが、そこから先、政界の動きはぐちゃぐちゃになり、まったくわけがわからないものとなって、迷走を続けることになります。政治家たちは政党をつくっては壊し、くっついては別れるといったことを繰り返します。

日本において五五年体制が本格的に終焉したと言われるのは、一九九三年の細川護熙《もりひろ》内閣の誕生によってです。これによってついに、自民党は政権を失うことになりました。小沢氏がいわば黒幕となる形で、細川護熙氏を首相にして、日本新党、日本社会党、新生党、公明党、民社党、新党さきがけ、社会民主連合、民主改革連合の八つの政党が、とにかく自民党政権を終わらせるというその一点のみで集まって、自民党政権を打倒したわけです。しかし、そんな集まりでは、それこそ岸が言うところの強力な政治指導などできるわけがありません。ですから、自民党を下野させた小沢氏は、二大政党制に誘導していかなくてはいけないと考えるわけです。

そこで導入されたのが、小選挙区制です。小沢氏が述べているように、小選挙区制は強制的に二大政党制を形成するためのシステムみたいなものです。小選挙区制には、少数意見が反映されない、死に票も多いという欠点があるため、反対も多かったのですが、比例代表並立制を組み込み、うまく誘導しながら、九四年三月に成立させます。しかし、それから二か月も経たずして、細川政権は国民福祉税と名付けられた消費増税などをめぐって内紛を起こして、総辞職をすることになりました。

この過程で一番割を食ったのはどこか。それは社会党でした。社会党は細川政権の中に入っていましたが、先ほど述べたように、当時の小沢氏は社会党とは真逆の考え方を持っていた。しかし、社会党は議席を一定数持っており、自民党政権を倒すためには組まないわけにはいかない。しかしながら、いざ一緒に政権に就いたものの、どんどん考え方の違いが表面化してきて、社会党は連立内閣から仲間外れにされてしまう。結局、社会党は政権から離脱することになります。

連立政権から飛び出た社会党は、とにかく政権党にならなければいけないと考えますが、そのためには、自民党と連立するしかありません。こういった成り行きで、社会党委員長の村山富市氏を首班に据えた自民党、社会党、新党さきがけによる連立政権、自社さ政権が成立するわけです。これは、当時恐ろしく評判が悪いものでした。何せ五五年体制下では自民党と社会党はお互い不倶戴天《ふぐたいてん》の敵だと言い合っていたわけですから、その二つが一緒に内閣を組むとは一体何事だと言われ、「究極の野合」であるとの批判を受けました。

社会党の凋落とネオ自民党の誕生

私の考えでは、冷戦崩壊後の日本政治がポスト五五年体制を生み出すことができないでいるのは、ここで大きなボタンの掛け違いが起こったことが一因としてあります。五五年体制の本質をよく検討すれば、自民党と社会党の連携は「野合」ではなかったことがわかります。先に述べたように、五五年体制において、両党は仲良くプロレスをやっていた間柄なのです。つまり、「究極の野合」の本質は、自民党も社会党も一致して、五五年体制的なものを守ろうとしたということにほかなりません。

現に当時の自民党の有力者であった金丸信《かねまるしん》は、この政界再編の激変の中で、自民党と社会党を合同させればいいと考えて、諸々の工作を始めようとしていたという逸話があります。[*15] おそらく次のような考えがあったのでしょう。自民党も五五年体制下において、社会民主主義的な再分配の政策を行なってきた。社会党も再分配重視という点では変わらないし、もはやイデオロギー対立も存在しない。だから、これまで同じようなことをやってきた同士で一緒になろうじゃないか、ということです。

いまから見れば、金丸の考え方は、突飛なように見えて、実はきわめてロジカルです。ですが結局、自民党と社会党の合同は実現しなかった。それは、両党ともに自分たちがやってきたことの構造的本質を理解していなかったためです。

他方、すでに小選挙区制の導入が決まっていますから、これはもうシステマティックに二大政党制が生まれざるをえない状況になっていきます。そして、この変動の中で社会党は劇的に党勢を衰えさせていきます。社会党の当初の目論見は、二大政党制になったら、自民対社会という形で常に政権をうかがうような位置の第二党になろうというものでしたが、現実はまったく違いました。細川内閣のときにすでに、新党ブームによって社会党の党勢の衰退は明らかでしたが、自社さ政権成立後は、社会党は見る影もない存在へと凋《ちょう》落《らく》していきます。党名を社会党から社会民主党へと変更しますが効果なく、小選挙区制導入後の初の衆議院選挙（第四一回）では、わずか一五議席しか獲得できませんでした。

こうした中、五五年体制下においては、ある意味で社会民主主義的な政策を取っていた自民党自身が、徐々に新自由主義へと方向転換をしていくことになります。第四章で詳しく説明しますが、それがはっきりと現れたのは小泉純一郎政権によってでした。簡単に言えば、分配を重視する保守であったところの自民党が、新自由主義的な、ネオ自民党へと変貌していくわけです。

先ほど触れたように、小沢一郎氏は、新自由主義の党をつくるといって自民党を飛び出しました。つまり、従来の保守の自民党ではなく、革新、新しい政治をやるんだというイメージを持って、自民党を出たわけです。ところが、皮肉なことに、今度は自民党自身がそのイメージを受け継いで、保守党でありながらも新自由主義的な改革に邁進していくことになります。

新自由主義vs.社会民主主義

その間、紆余曲折がありますが、野党の勢力は民主党という形に固まっていきます。では、民主党は何をアイデンティティにしたのでしょうか。こちらにもアイデンティティの混乱があり、今日でもそれは続いています。なぜかといえば、自民党自身が保守を標榜しながら実質は新自由主義的革新であるという鵺《ぬえ》のような状態になってきましたから、民主党としては、「自民党が言っている改革は嘘です。なぜなら自民党はずっと権力の座に居座ってきたのですから、彼らには本当の改革なんてできません。自分たちこそ真の改革者です」といったようなスローガンを強調していた時期もありました。

　他方、小沢一郎氏は一時自由党を率いて自民党と連立政権を構成するなど転々としながらも、二〇〇三年に民主党に合流し、その三年後には党首に就任します。そのときに掲げたスローガンは、「国民の生活が第一」というものでした。これが民主党を押し上げて、二〇〇七年の参議院選挙と二〇〇九年の衆議院総選挙で議席を拡大、二〇〇九年九月の政権奪取へと結びついていくわけです。この民主党のテーゼは、国民の生活を守ろうという意味で、まさに保守的なものであり、社会民主主義的なテーゼでもあります。

　冷戦崩壊以降、ここに至って、ようやく物事は落ち着くべきところに落ち着いたように思われました。つまり、ポスト冷戦期に適合したポスト五五年体制を形成する、新しい政界の構造が現れようとしていた。

　それまでの流れを整理しますと、まずは、小沢一郎氏が自民党を飛び出して新自由主義勢力をつくり、それが旧来の保守勢力と対立をするという形で最初の構図がつくられた。本来、このときに自民党は、金丸信が考えたように、社会民主主義そのものである社会党と合同して社会民主主義の党をつくればよかったのかもしれません。ところが結局、それはうまくいかず、小泉政権期以降顕著なように、自民党自身が新自由主義的な党に変貌していくことになる。となると、それへの対抗軸は、社会民主主義的なものとならざるをえないわけです。つまり、ポスト冷戦期の政治は、新自由主義と社会民主主義が対抗するという形で、二大政党制が展開するという方向性が示された。

しかしながら、民主党も、社会民主主義的なスローガンを掲げることによって政権を取ったにもかかわらず、それを徹底することができませんでした。鳩山由紀夫氏の言動には、社民的な政策を実施したいという意志が垣間見えましたが、その後の菅直人政権、野田佳彦政権になっていくと、そこのところが曖昧になって、民主党自身が新自由主義に色目を使うようになり、(ネオ)自民党と変わらなくなっていきます。こうした民主党の変質を見て、小沢氏も党を見限って飛び出します。

世界的に見ても、ポスト冷戦期の先進諸国における政治的な対立構図は、基本的に新自由主義対社会民主主義という形で構成されざるをえないということは明らかです。しかしながら、現在の民主党は、そのことを未だ十分に理解していないように思われます。

注

＊1 東アジア政治史の研究者、ブルース・カミングスは「朝鮮半島がすべて共産化したと仮定し

た場合には、日本の戦後民主主義が生きつづけられたかどうかも疑わしい」と述べる（ブルース・カミングス「世界システムにおける日本の位置」アンドルー・ゴードン編、中村政則監訳『歴史としての戦後日本（上）』みすず書房、二〇〇二年、一二四頁）。

＊2　森喜朗「自民よ、国の大事では民主と手を携え、真の議会制民主主義を」（『文藝春秋オピニオン　２０１３年の論点１００』文藝春秋、二〇一二年）を参照。また産経新聞のインタビューでも、森氏は以下のように語っている。「乱闘国会ばかりやっていたイデオロギー対決時代の国会の方が案外ものが決まったんだよ。イデオロギーでの反対だから、相手の顔が立つように十分に議論して、当然物理的抵抗があっても最後は強行採決すればよかった。ところが今のようにイデオロギー抜きになると、対立がおのずと条件闘争になる。お互いが条件を少しでも有利にしようとがんばるからいつまでも物事が決まらない」（「石原伸晃氏支援は都知事との約束」ＭＳＮ産経ニュース、二〇一二年一〇月一日）。

＊3　宇野宗佑内閣で官房長官を務めた塩川正十郎は官房機密費が野党対策に使われたことについて、次のように述べている。「野党対策に使っていることは事実です。現ナマでやるのと、それから、まあ、要するに一席設けて、一席の代をこちらが負担する……私が官房長官のときは、四、五千万円ですかね。一週間にいっぺんぐらい、あるかどうか、会計課長がのぞきにきて、それで足らなかったら、ちょっと増やして入れてくれているという状態ですね。だいたい一〇〇万円単位で袋に入れてあります」（テレビ朝日「サンデープロジェクト」二〇〇一年一月二八日放送）。

官房機密費については、「官房機密費　入手した資料の裏付け調査の内容と結果について」（『しんぶん赤旗』二〇〇二年四月一二日）も参照していただきたい。

*4

http://www.jcp.or.jp/web_policy/2002/04/-2002413.html

アリゾナ大学教授のマイケル・シャラーは『週刊朝日』のインタビューに対して「当時、CIAから経済団体や企業を通じて岸のほうに資金が流れたという記述を米国側の書類で私は目にした」と証言している（『週刊朝日』二〇一三年五月二四日号）。

マイケル・シャラー『「日米関係」とは何だったのか――占領期から冷戦終結後まで』（草思社、二〇〇四年、二一四頁）も参照。

*5 佐藤内閣で官房長官を務めた竹下登は、佐藤の指示で落選した社会党議員にお金を配ったことを自身の回顧録で語っている。佐藤が「『きみ、何人落選しているか、下平（正一、社会党の衆議院議員）に聞いて、手当てをしておいてくれ』」と言い、「二〇万円ぐらい」を一一人の落選した社会党議員のために用意したという（竹下登『政治とは何か――竹下登回顧録』講談社、二〇〇一年、八九頁）。

*6 原彬久編『岸信介証言録』中公文庫、二〇一四年（単行本、毎日新聞社、二〇〇三年）。

*7 満州時代について、岸は回顧録のなかで次のように振り返っている。「確かに満州では官僚的な基準あるいは官吏道というものを外れていたね。しかし、政治というのは、いかに動機がよくとも結果が悪ければ駄目だと思うんだ。場合によっては動機が悪くても結果がよければいいんだと思う。これが政治の本質じゃないかと思うんです。したがって私は大連を去る

ときに、こういうことをいったんです。満州を振り返ってみると、下手ではあるかもしれんが、俺の描いた作品が満州にずっと残るだろうといったんです」（原彬久編『岸信介証言録』四三頁）。

＊8 岸の二大政党論については、原彬久編『岸信介証言録』八四－九三頁を参照。「保守党も革新政党もその裾野は富士山のように大きく広がっていてだね、しかもその裾野がどこかで交わっているということが必要なんだ。保守党の一番左の考えは、革新政党の一番右よりも左に位置するというぐらいが丁度いいんです」「政権が代わっても社会的に激変が生ずることのないのがいいのであって、二つの政党間に大きな距離があって相交わっていない場合には、一方が勝って一方が負ければ、社会革命ということになりますよ」（八五頁）。

＊9 田中角栄の政策については『日本列島改造論』（日刊工業新聞社、一九七二年）を参照していただきたい。簡潔に言えば、人・モノ・カネの都市から地方への再分配政策である。「人とカネとものの流れを巨大都市から地方に逆流させる〝地方分散〟を推進する」「衰退しつつある地方や農村に再生のためのダイナモをまわしたい。公害のない工場を大都市から地方に移し、地方都市を新しい発展の中核とし、高い所得の機会をつくる。教育、医療、文化、娯楽の施設を整え、豊かな生活環境を用意する」（二一六－二一七頁）。

＊10 窮乏化法則については、カール・マルクス『資本論』（岡崎次郎訳、大月書店、一九七二年）、第一巻、第二三章「資本主義的蓄積の一般法則」を参照していただきたい。

＊11 江田三郎「社会主義の新しいビジョン」『エコノミスト』一九六二年一〇月九日号。

＊12　社会党は、一九八六年一月二二日の第五〇回党大会で、「日本社会党の新宣言――愛と知と力による創造」を発表、戦後四〇年間政権を担当することができなかった反省に立ち、「国民の期待に十分には応えきれなかった。いま、日本社会党はなにより、国民とともに政権を担う党に発展する決意である」と宣言した（『月刊社会党』三六一号、一九八六年三月）。

＊13　小沢一郎『日本改造計画』講談社、一九九三年、六九頁。

＊14　「要するに、まず国民を保育器から解放することである。／もちろん、それによって国民は自己責任を要求される。しかし、それでよいと私は思う。自己責任のないところに、自由な選択など存在しない」（小沢一郎『日本改造計画』一八七頁）、「自由主義社会では基本的に自由放任であるべきだ。そのうえで、どうしても必要なところに必要最小限の規制があればよい」（同前、二四四頁）。

＊15　野中広務氏によれば、自社さ政権誕生前から金丸は自民党と社会党をそれぞれ解体して再編成することを考えていたという。金丸は野中氏に対して「前にもお前に話をしとったように田辺〔誠、元社会党委員長〕が本気でやる気だったら、政界再編を俺の時代にできたかもしれない。甲府の駅前の土地を全部抵当に入れたら、五十億円から、六十億ぐらいの金はできた。俺はそれを投げうってでも、自分の手で政界再編をしたかったんだよ」と語ったという（野中広務『私は闘う』文藝春秋、一九九六年、一一八頁）。金丸は、宮沢喜一政権時代の一九九二年一〇月、佐川急便からの五億円のヤミ献金問題で議員辞職、公判中の一九九六年三月に死去。

第二章　対米従属の諸相（一）

——「自己目的化の時代」へ

経済的にも政治的にも「失われた」二〇年

前章では、五五年体制と冷戦崩壊後の日本の政治状況について、駆け足で見てきました。繰り返しますが、五五年体制自体は冷戦構造の日本版としてできたものですが、それが終わってから二五年も経っています。

では、その二五年間で世界では何が起きたかといえば、まずはじめには、ソ連が崩壊したことによってアメリカへの一極集中という状態が形成されてきました。唯一の覇権国としてアメリカが君臨するという状態です。しかしそれが、二〇〇一年の九・一一同時多発テロによって、深刻な挑戦を受けることになります。この出来事を契機にして、アメリカは「対テロ戦争」に突っ込んでいくことになります。

対テロ戦争は、国家と非国家組織との戦いですから、「非対称な戦争」などと呼ばれたりもしますが、その最大の特徴は、「終わりが見えない」という点にあります。いくら続けても終わりの見通しが立たない。つまりは泥沼であり、その中でアメリカはもがき苦しむことになります。アメリカにとっては、とりわけイラク戦争が致命的でした。どういうことかというと、結局のところは、アメリカの国力——総合的な意味での国力ですが——に見合わないような戦争を強行したため、極めて深刻なダメージを受けてしまった。さらに、二〇〇八年には、一〇〇年に一度と言われる金融危機（リーマン・ショック）も起こります。

こうした流れを受けて、二〇一三年九月にオバマ大統領が言います。「もうアメリカは世界の警察官ではない」[*1]と。つまり、これからは、アメリカ一極ではなく、その逆であるところの多極化の時代へと向かっていくということです。冷戦崩壊後の二五年の間でも、国際的な情勢はこのように激変しています。では、こういった世界的な状況に対して日本はどう対応してきたのかといえば、前章で見たように、政治的には混乱に混乱を重ねてきたにすぎません。だからこそ、「失われた二〇年」と言われるわけです。

「失われた二〇年」という言葉は、二〇年間ほとんど経済成長していないことを指しているととられますが、経済成長が難しいということは、別に日本に限ったことではありません。先進資本主義諸国においては、低成長はほとんど運命づけられたものとさえ言えます。経済成長の問題については、第四章でまた言及しますが、それよりも深刻なのは、二〇年の間に、日本は、経済的のみならず、政治的にも「失われた」ということです。「失われた二〇年」によって、日本の政治あるいは社会は、ポスト五五年体制のあり方を見出せないまま、様々なジレンマの中をさまよい歩いているように思えます。

そして、ジレンマの中で、現在の日本は対米従属により一層傾斜しているように、私には見えます。前章で私は、五五年体制とは「ゆるい傀儡」同士のプロレスのようなものであった、と述べました。万年与党であった自民党政権の統治は、一九五五年の保守合同による党結成においてCIAから資金提供があったことに典型的に見て取れるように、アメリカの間接統治の下にあった半ば傀儡政権的なものであったわけですが、傀儡性を緩めるメカニズムが失われたために、その本来の性格が剝き出しになってきているのです。

複雑なゲーム

第一章で見たことからもわかるように、「永続敗戦レジーム」は、戦後七〇年もの間、一定不変であったわけではありません。本章では、戦後日本政治および日本社会において、対米従属がどのように変化・深化していったのかを見てみようと思います。

「対米従属」というと、要は米国の言いなりになっていることだと受け取られるかもしれませんが、そんな単純な構図ではありません。もし、仮に日本側が言いなりになっているとすれば、アメリカの側は常に、「日本の政治家は我が方の言い分をよく聞いてくれて素晴らしい」と礼賛するでしょう。しかし、実際は歴代の政権で対応のあり方は様々でした。
例えば吉田茂は、首相在任当時の日本国内では「アメリカの顔色ばっかり窺《うかが》いやがって」と悪口を言われました。ところが、面白いことにアメリカの側では、「吉田は言うことを聞かない」と手を焼いていたと言われます。これは、従属国のトップというのは、一種の中間管理職のようなもので、下からは「上の言いなりになってばっかり」と突き上げられる一方で、上からは「言うことを聞かない」と、両方から憎まれるという損な役回りを担わざるをえないということなのでしょう。ですから、対米従属を単に日本がアメリカの言いなりになっている状態ととらえるのは、現実を単純化し過ぎており、その本質を見誤る恐れがあります。
二〇一二年に出版されてベストセラーになった孫崎享《まごさきうける》さんの『戦後史の正体』という本があります。孫崎さんは、戦後の日本の歴代の首相や有力政治家を「対米追随派」と「自主派」に分けて、吉田茂、池田勇人、三木武夫、中曽根康弘、小泉純一郎などを前者、重光葵《しげみつまもる》、芦田均、鳩山一郎、石橋湛山《たんざん》、岸信介、佐藤栄作、田中角栄、福田赳夫、細川護熙、鳩山由紀夫などを後者に位置付けました。[*2]
歴代の自民党政権は全体として見ればもちろん親米で、アメリカとの関係は密接なものであったが、その中には、何とかして国を自主独立させたいという立場の人間と、国家の独立など度外視してアメリカにコバンザメのようにくっついて自分の利権を得ることに専念するという立場の二通りがある、という見方を示しています。そして、「自主派」の首相たちは、アメリカと衝突した結果、圧力を受けて失墜させられていくということになる。それに対して、「対米追随派」の首相たちは、アメリカからの覚えがめでたいので長期政権を築いていく。戦後日本の政界とは、この両派の闘いの歴史であった、という説です。

論理的装置としては極めて明快ですが、私の考えでは、もう少し「複雑なゲーム」が存在し、かつそれは歴史的に変化をしてきたのではないかと思います。それがどういうものなのかを、これから考えていきましょう。

従属と自立の複雑な様相

「複雑なゲーム」というのは何か。そう簡単に結論が出せる問題ではありません。一つ言えるのは、対米追随派の政治勢力が、自己利益のために対米従属へと突き進み、日本国民の利益を犠牲にして私腹を肥やすだけの存在であったとすれば、早々に権力の正統性を失ったであろうということです。実際、彼らは経済面での国の復興を成功させました。他方、自主独立派も、本気で自立へと踏み込んだならば、アメリカとの決定的な反目を呼び起こし、場合によっては暗殺されるといった重大な結果を招いたはずです。

つまり、対米追随派には、「対米従属を通じた日本の国益の実現」という目的意識があり、自主独立派にも、「対米従属の大枠を決定的に踏み越えることはしない独立志向」という姿勢があった。確かに、政治家を大別すれば、それぞれにおいて従属志向と自立志向のどちらが強かったのか、ということは言えるかもしれませんが、明確な線引きは難しいという複雑さがあると思われます。

結局のところ、「永続敗戦レジーム」の主役である人たちは、対米従属に加担することによって、何をやろうとしたのでしょうか。ひとことで言えば、それは、「対米従属を通じた対米自立」です。冷戦構造下の日本はアメリカに明らかに従属しており、深い依存状態にある。けれども、そこに甘んじていればいい、と誰もが最初から考えていたわけではありません。とはいえ、いきなりアメリカから自立するぞ、と言ってもそう簡単にできるわけがない。実力を蓄《たくわ》えなければいけない。そして、そのためには、対米従属構造を通じて国力を蓄えるほかないということになる。これは非常に「複雑なゲーム」であるわけです。

例えば、次章で検討しますが、岸信介が日米安保改定でやったことを見ると、この「複雑なゲーム」に彼がどう取り組んだのか、見て取ることができます。

対米従属の原型としての占領期

複雑な対米従属の構造の原点は、占領期にあります。そこにすでに複雑な構造が発生していました。GHQ（連合国軍最高司令官総司令部）の占領方針が途中で転換したうえに、それに関連して内部が一枚岩ではなかったからです。

GHQの中の分局には、GS（民政局）とG2（参謀二部）という二つの有力なセクションがありました。GSが文民出身者によって構成されたのに対して、G2は生粋《きっすい》の軍人によって構成されていました。財閥解体、軍国主義の打破をはじめとして、占領期の民主主義改革を意図した政策は、そのほとんどがGSが企画立案したものです。つまり、占領初期においては、GSがGHQにおいて中心的な役割を果たしていたわけです。

しかしながら、東西対立が激しくなると、民主化よりも反共主義の方が優先されるという政策転換が行なわれます。序章でも言及したいわゆる「逆コース」です。朝鮮戦争も勃発する中で、日本を民主化することよりも、冷戦構造下のアジアにおける米軍の拠点にしていくことの方が重要視されるようになってきて、レッドパージと公職追放解除が進行します。自衛隊の前身である警察予備隊が組織されて再武装に着手されるのも、この流れにおいてです。

この過程で、GSとG2の関係が逆転していくわけです。簡単に言えば、GSとは、社会民主主義的な思想を持ったニューディーラーが数多く所属し、民主主義改革について熱心な勢力であり、一方のG2の人々は、パワー・ポリティクス的な論理によって、民主化よりもとにかく日本を冷戦構造の中でうまく利用することを重視した勢力ととらえることができるでしょう。国鉄三大謀略事件[*3]に代表されるように、労働組合、そしてその背後にいる日本共産党への圧力が高まったことは、この劇的な転換の象徴です。なにせ、GHQは占領開始当初、労働組合の結成や活動を民主化に資するものとして積極的に後押ししていたのですから。

ウォルフレンによる民主主義勢力批判

九〇年代に『人間を幸福にしない日本というシステム』[*4]という本で官僚支配の続く日本

社会を批判し、有名になったオランダ人ジャーナリストのカレル・ヴァン・ウォルフレンさんと対談をしたときに、[*5]「なるほど、オランダの人からはこう見えるのか」と興味深く聞いた話があります。

ウォルフレンさんは、戦後の日本の社会党――いまは社民党ですが――の流れをとても批判的に見ています。自民党政権がこれだけおかしくなったのも、社会党がだらしがなかったからだというわけです。いわく、社会党は、結局現実路線を取ることができず、空理空論ばかり唱えていたからダメになってしまった、ヨーロッパにおける社会民主主義政党（マルクス主義の革命論を放棄した）のように変身を遂げることができなかった。だから、今日の日本の政治状況をつくり出した罪は社会党にもある、と。

前章で社会党が戦後の現実に対応できなかったことを指摘しましたが、そこでも述べたとおり、ウォルフレンさんの主張には首肯できる点がある。しかし、ちょっと違うのではないか、と思うところもあります。どういうことかと言えば、いま述べてきたように、すでに占領期の段階で、GHQの内部で、GSとG2の間に激しい権力闘争があったわけです。両者の対立は、当初はGSが優勢でしたが、最終的には逆コースの中で関係が逆転する。当時起きた昭電疑獄事件（一九四八年）とか炭鉱国管疑獄問題（一九四七－四八年）などの汚職系の政治スキャンダルの背景にも、実はGSとG2の対立があったと言われています。

こうした暗闘の結果、GSが劣勢になり、G2は日本の保守勢力、とりわけ旧ファシスト勢力との結びつきを強めていくわけです。まさしく、「永続敗戦レジーム」の主役中の主役と呼ばれるべき勢力と結びついていく。

サンフランシスコ講和条約締結によって占領期が終わると——もちろん米軍は駐留し続けていますが——GHQによる直接的な政治支配はなくなります。では、その後、GS的な民主主義推進勢力はどうなったのでしょうか。

ウォルフレンさんは、社会党のほかにも、作家の大江健三郎氏の政治的スタンスを強く批判していました。社会党や大江さんは、日本の保守政治を批判してきたけれども、言っていることはまるで非現実的で、GHQの言っていたこととほとんど変わらない、というのです。大東亜戦争を実行した軍国主義国家としての日本などいまでは存在しないのに、敗戦直後の占領軍のような言説を千年一日のごとく繰り返しているのはおかしいではないか、と。彼が言ってることは、ある意味で的を射ています。社会党や大江健三郎的な保守政治批判というのは、確かに、占領期にGSが言っていたことを受け継ぐものです。

つまり、次のように整理できるでしょう。GHQの消滅後、G2的なるものは戦前とのつながりを色濃く残す保守派へと受け継がれ、日本の国家権力と一体化する一方、GS的なるものは、占領軍という後盾を失った形で社会党などの左派へ受け継がれました。G2的なるものからすれば、GSによる改革の成果などどうでもよく、国家権力の行使に際して邪魔くさいものでしかない。だからいま、永続敗戦レジームの純粋形態としての安倍政権ならびに極右的政治家たちは、戦後民主主義改革の成果を次々に覆そうという意志を露にしています。自民党の新憲法草案は、その最も見やすい現れです。[*6]

GSの遺産の守り手たちから見れば、この状況は「ほら、言わんこっちゃない」というものにほかなりません。戦後日本の民主主義は本当には定着していないという状況判断があったからこそ、彼らは、例えば憲法の問題にしても、「指一本触れてはならない」という立場を堅持してきました。ウォルフレンさんに言わせれば、現に自衛隊が存在し、海外派遣すらされているのだから、文字通りの護憲など欺瞞にすぎない、ということになる。

しかし、このような欺瞞の中にとどまることが、国家権力を背景にできないGSの遺産の守り手たちにとって、永続敗戦レジームの地金《じがね》が露出することを防ぐ唯一の手段であったのだとすれば、それは単なる空理空論だったとは言えない。「日本の保守支配層は、彼らの憧憬《しょうけい》する戦前のレジームを隙あらば取り戻そうとする」という彼らが繰り返してきた批判は、実際に当たっていたのです。

この状況は、ある意味で、占領期のGSとG2の暗闘が、役者を替えていまだにズルズル引き続いているようなものです。外から見れば、日本は先進自由民主主義国であるかのように見えるかもしれませんが、このような不毛な現実を内在させ続けてきたことは、事実なのです。

複雑なゲームの単純化

こうしてGSとG2の流れは、明らかに戦後の保守と革新のそれぞれの系譜へと結びついていくわけですが、保守の側が方針としたのは、政治・経済的な次元での対米従属を通じた対米自立ということでした。他方、リベラルや左派の側は思想的次元で同様の軌跡を描いてきました。

戦後の左派やリベラルが価値観として最も盛んに強調してきたものは、民主主義です。そもそも民主主義は、GHQが戦後改革の柱として強調したものであり、アメリカの国是でもあります。これを重視するということは、左派やリベラルは思想的な次元でアメリカに依存しているということになります。
そして、アメリカに対する思想的な次元での依存を、今度はアメリカに対する批判の根拠にしていくことになるわけです。例えば、ベトナム戦争のごとき侵略戦争を行なっているアメリカには、本当の民主主義はないというような論理で、アメリカから受け取ったものをアメリカ批判の根拠にしていく。あるいは、憲法九条にしても、起源においてはアメリカの側から強制されたものなのですが、これを通じて、戦争ばかりしているアメリカと日本の間に一線を画そうとしていくわけです。こういう具合に、保守・リベラルともに、アメリカに対する依存と自立の志向が絡み合った非常に複雑な状況のもと、歴史は推移してきました。

ところが、長いあいだ極めて複雑かつ、捻《ね》じれもはらんだものであったアメリカに対する関係は、現在では驚くほど単純になっています。例えば、二〇一五年九月に成立した新安保法制の成立過程を見ても、その本質はとてもシンプルです。新安保法制は、衆議院の憲法審査会に招致した憲法学者三人全員から「違憲」との判断を下されました。[*7] 自民党が呼んだ憲法学者まで、「違憲だ」と言ったのです。にもかかわらず、そんなことは政府の側は何にも気にしませんでした。[*8] なぜかといえば、それは、「アメリカ様がやれと言ってるから」、「アメリカ様にもう約束してしまったから」という、きわめて単純な理屈です。[*9]

先に述べたように、岸信介が六〇年安保で取り組んだゲームが複雑なものであったのとは対照的に、現在の安倍晋三首相のロジックは異様なまでにシンプルなものになっています。二〇一五年の夏、戦後七〇年の談話を彼は発表しましたが、その中で、あの戦争における日本の過ちは「国際秩序への挑戦者となってしまった」ことだと述べています。[*10] この言い方は、あの大戦を総括するにあたって使われるものとしてはやや珍しい。

この件《くだり》が、現存する「国際秩序」の善悪如何《いかん》を問わず、「現存の国際秩序に挑戦すること自体が悪いことなのだ」と言っているのだとすれば、そこには重大な含意があることになります。現代の国際秩序とは、不安定さを増しているとはいえ、アメリカ中心のそれであることは確かです。これが良いものであろうがなかろうが、それに挑戦すること自体が罪深いことである、ということになる。こうなるともはや、従属と自立をめぐる複雑なゲームをやる能力も意思もないらしいと判定せざるをえません。

対米従属の時代的三区分

つまり、問題は、なぜこのような対米従属構造の単純化、変質が生じてきたのか、というところにあります。先ほど言及した孫崎さんの歴史観が説得力を持って受け止められるようになるほど、いま現在の対米従属構造は、極端かつ単純なものとなってしまっているのです。

ゆえにここで、戦後の対米従属の変化と構造について歴史的に考察を加える必要があります。それによって、いまの状況が出現した必然性を理解できるようになるはずです。そのために、時期的な区分に基づく見取り図を描いてみます。私は、戦後の対米従属構造は、「確立の時代」「安定の時代」それから「自己目的化の時代」という三つの時代区分で見ると、理解しやすいと考えています。

「確立の時代」というのは、占領期から保守合同による五五年体制の成立を経て、おおよそ六〇年の安保闘争あたりまでを指します。この時期が「確立の時代」だというのは、逆に言えば不安定な時期だったということでもあります。敗戦後の社会の根本的な不安定さの中で、支配層からすれば、何とかしてこの構造を確立させなければならなかった。またこの頃は、共産主義革命の可能性がまだリアルに感じられた時代です。それが、六〇年安保を支配権力の側が乗り切ったことで、何とか一定の安定に到達したわけです。

そこから対米従属の「安定の時代」に入りました。この時代に日本は、「安定」を背景として驚異的な経済的成功を収めます。この状況を決定的に終わらせたのは冷戦構造の崩壊でした。ですから、「安定の時代」は冷戦終焉までということになります。

冷戦が終わった時点で、日本が無条件的な対米従属をしている合理的な理由が無くなりました。なぜなら、「共産圏の脅威」があったからこそ、米軍の駐留を無限延長させ、アメリカを親分として仰いできたはずだからです。ところが、その後の二五年間に何が起きたかというと、かつては依存と自立の志向が複雑に絡み合ったものであった対米従属構造が変質し、盲目的従属が深まっていくという摩訶《まか》不思議なことが起こったわけです。

「確立の時代」と「安定の時代」においては、対米従属は、まずは強いられたものであったと同時に国を復興しなければならないという合理的な理由づけから始まり、共通の敵に一丸となって対峙するため、という理由づけがなされました。この二つの時代においては、対米従属を正当化することが可能だったわけです。

ところが、九〇年代以降は、明らかに正当化が難しくなりました。その中で、日本の対米従属の特殊性、その歪んだあり方が際立ってきています。やめられないのはなぜか。それが「自己目的化」しているからです。明確な目的、国を復興させて、国民を豊かにしようという目的があり、そのための手段として対米従属があったはずが、いまや対米従属することそれ自体が目的になってしまった。

こうして、九〇年以降から現在まで、五五年体制から本当の意味で脱却することに失敗し続けた結果、今日の日本はまさに「永続敗戦レジーム」の名にふさわしい状況になってしまったわけです。

二重の法体系

この三つの時代区分を念頭に置きながら対米従属構造がどのように変質してきたのかを検討し、その検討から何が見えるのかについては、次章で分析します。ここでは「自己目的化した対米従属」が現在どういう形で現れているかについて、もう少し見てみます。
二〇一四年に出版された矢部宏治さんの『日本はなぜ、「基地」と「原発」を止められないのか』という本があります。この中で矢部さんは、「二重の法体系」ということを書いています。[*11]
どういうことかと言うと、実は戦後の日本には法の体系が二つある。一つには日本国憲法を最高法規とするところの法体系がある。しかしそれだけではなくて、もう一つ、「アメリカと約束したこと」——それは条約のような形で公然たる形のものもあれば、密約のような形で非公然のものもある——もまた事実上の法になっていると論じています。

両者の間に矛盾がなければ問題はありません。矛盾が生じないようにするため、憲法に違反するような条約を結んだり対外的な約束をしないことが、法治国家の大原則です。しかし日本の場合、特に在日米軍基地に関して両者がぶつかる例がたくさんある。例えば、憲法には、基本的人権の尊重が謳われているわけですが、米軍機は事実上日本のどこであれ、高度何メートルで飛んでも何の問題もありません（ちなみにそのような危険な行為は、アメリカ国内では禁じられています）。たとえ住宅地上空で超低空飛行をしても、米軍に何も物申すことはできない。このことは、日米地位協定に基づいた航空法の特例法[*12]によって保障されているのです。これは、住民に対する人権侵害であり、憲法違反ではないか。

しかしながら、国内法と「アメリカと約束したこと」がぶつかるとき、どちらが優越するのかというと、結局はアメリカとの約束の方が大事だということは、「永続敗戦レジーム」の支配層にとっては自明の理にすぎません。

矢部さんの本では、この二重の法体系をふまえて、戦後の日本政治の決定的な場面においては、アメリカとの約束が常に優先されているということが指摘されています。

新安保法制をめぐって起きたことも、まさしくそういうことです。「集団的自衛権の行使容認は憲法違反だ」と多くの識者から指摘されても政府がビクともしなかったのは、彼らにとって「アメリカとの約束」と日本国の最高法規とどちらが重要なのか、どちらが「本物の法」なのか、考えるまでもないことだからです。もちろん彼らは、このことを明らかにしません。国内法と対外的約束に矛盾はない、とオウムのように繰り返すだけです。

この「二重の法体系」について考えていくと、「改憲か、護憲か」という長年の論争が、ピントを外したまま行なわれてきた、ということも明らかになってきます。どういうことかというと、「二重の法体系」があるということは、結局のところ、日本国民には主権がないということを意味します。そういう中で、憲法を守ろうが変えようが、この状態は何にも変わらない。それならば、改憲／護憲に何の意味があるのか、ということが、憲法の内容について云々する以前に問われるべきでしょう。

もちろん、憲法九条が、アメリカの軍事政策に日本が一〇〇%付き従わないで済ませるための根拠として果たしてきた役割についても、強調しておかねばなりません。もしこれがなければ、ベトナム戦争、イラク戦争といった、アメリカの露骨な暴力性が炸裂し、アメリカ自身がそれを行なったことを後悔しているような軍事行動に、日本が直接的に参加することになった可能性は高い、と私は思います。しかし、集団的自衛権の行使容認を「アメリカとの約束」に基づいて実質的に閣議決定で決めてしまうという今日の暴政は、「二重の法体系」という歪んだ構造の表面化にほかなりません。九条による歯止めは、もはや風前の灯火《ともしび》になってしまっています。

アメリカの二面性

戦後日本の対米従属を考えるうえで、もう一つ大事な問題があります。それは何かというと、戦後日本にとってのアメリカの二面性です。

戦後、アメリカは日本を直接的・間接的に支配してきた。支配とは、力を担保として行なわれるものです。力の一つは、いわゆるハードパワーです。人を支配する、言うことを聞かせたいときに、どうすればいいか。最も単純な手段が暴力です。しかし、暴力のみによって人に言うことを聞かせるのは不安定だし、効率が悪い。そこで、自発的に言うことを聞くように仕向けるのが上手いやり方です。そうした手段は、政治学的にはソフトパワーと呼ばれています。

これは言い換えれば文化的な力です。すなわち日米関係で考えれば、日本人がアメリカを好きになることが、アメリカにとっての力になるということです。もちろんアメリカニズムの流入は戦前からありましたが、戦後になると、その物量がまったく変わってくる。アメリカン・ウェイ・オブ・ライフやアメリカン・カルチャーへの憧《あこが》れが駆り立てられるということが、かなり組織的に行なわれていったわけです。

ですから、アメリカの二面性と言ったとき、戦後日本に流入してきた「アメリカ的なるもの」とは、一方では「暴力としてのアメリカ」であり、それは端的に占領軍です。しかし、暴力の力だけで支配するというのはアメリカにとっても決して望ましいことではなかった。日本人が反米感情にとらわれるようになったら、東側陣営に走りかねない危惧があったわけです。ゆえに、暴力をどこかで担保しつつも、「文化としてのアメリカ」を同時に入れていく。この二つをバランスさせてきたわけです。

このアメリカの二面性は、敗戦直後の日本人にとっては、まだ皮膚感覚で実感できたものでした。まず実際に、占領軍が目の前にいる。占領軍兵士と地域住民の間で、様々な軋《あつ》轢《れき》が起こる。米兵による暴行事件や性犯罪が数多く起こった。まさに、「暴力としてのアメリカ」です。しかし、本土の基地が徐々に削減されていくことによって、「暴力としてのアメリカ」は後景に退《しりぞ》いていくことになります。では、その削減されたものはどこに行ったのか。言うまでもなく沖縄です。

こうして、本土では暴力的な側面は脱色されて、どんどん見えなくなっていきます。では、アメリカの暴力性が本当になくなったのかというと、そんなことはまったくない。アメリカは第二次大戦後も、常に大中小の戦争をやり続けてきた国なのですから。しかし、日本の本土においては、「暴力としてのアメリカ」を見ないで済むようになり、「文化としてのアメリカ」だけを享受するという巧妙な装置がつくり上げられていったわけです。その結果、ほとんどの本土の人間にとっては、アメリカの暴力が再び日本に振り向けられるかもしれないということが想定外になってしまいました。先の戦争で日本を打ち負かしたところのあの暴力が、再びこちらに向けられることがあるかもしれないという可能性をまったく考えなくなってしまったのです。このことが、本土で永続敗戦レジームに対する抵抗がまだ本格化しないことの理由の一つです。

要するに、戦後日本はアメリカに対して、「基地でも何でも提供しますから、暴れるなら外でやってください」という態度を取ることで、「暴力としてのアメリカ」の面を巧みにやり過ごすことに成功したわけです。そのなかで、沖縄だけが例外でした。沖縄だけがアメリカの暴力性にさらされ続け、いまなおさらされている。だからこそ、「暴力としてのアメリカ」を想定外とする本土に対して、いま、沖縄は根本的な抗議の声を上げるに至っているのです。

沖縄は、永続敗戦レジームの外部に位置すると同時に、「暴力としてのアメリカ」の側面を一身に引き受けることによって、本土でこのレジームが成立するための不可欠の要素であったわけです。沖縄で現在起こっていることについては、終章で触れますが、沖縄の問題を考えることは、永続敗戦レジームの本質の一端を明らかにすることでもあります。

幻想と利権共同体

結局、「暴力としてのアメリカ」が不可視化され「文化としてのアメリカ」のみが前景化した結果、いわば慈悲深いアメリカ、恵みをもたらすアメリカというイメージが、抱かれるようになっていきます。それは大日本帝国において、天皇が果たしていた役割を代行するものでもありました。その意味では、まさに慈悲深いアメリカという幻想をつくり出すことこそが、「永続敗戦レジーム」の生命線であると言っても過言ではありません。

しかし、その中核部の実体は、政官財学メディアといったあらゆる業界に張り巡らされた対米従属利権共同体にすぎません。利権共同体そのものはどこにでもあるつまらないものです。そして、日本社会の中のごく限られた一部の人間がアメリカとうまくやっていて、そこから様々な利権を引き出しているというのならば、話は非常にわかりやすい。

しかし、この場合、その利権共同体は政官財学メディアなどあらゆる領域に広範囲に張り巡らされているし、そうやって広がれば当然利権は広く薄く分配されますから、利権を独占している存在を特定することは難しくなる。さらには、この利権共同体の最重要の機能が、慈悲深いアメリカという幻想をつくり出すことによってこのような構造を不可視にすることにほかならないわけです。

学問の世界から一例を挙げると、国際政治学という学問があります。国際政治学者が書いた本を書店で手に取ると、われわれプロは、目次より何よりまず著者の学歴経歴を見ます。翻訳書の場合は訳者の学歴経歴です。学歴経歴を見るだけで、その本に書いてある内容の八割九割はわかってしまう。どうしてか。まず国際関係論とか国際政治学を専攻している学者の多くがアメリカ関係の研究をやっています。日米関係やアメリカ外交ですね。戦後の日米関係の重要性に鑑《かんが》みれば、国際政治学の専門家の多くがアメリカに関する研究をすること自体は不自然ではありません。

問題は、この人たちがどのような教育を受け、どのようにキャリア形成をするかということです。その人たちの多くは、アメリカに留学をし、場合によってはアメリカで学位を取る。

アメリカにおける国際関係論とはどういう学問なのか。これは「アメリカの国益を最大化するためにはどうするべきかを考える学問である」と明快に定義されています。アメリカ人がそういった学問――これほど政治的目的を前面に出した学問を学問と呼ぶべきなのか微妙ですが――をやるのは勝手ですが、日本人がアメリカに行って、この分野で学位を取り、当地の人脈をつくり、そして帰国後に日本の大学や研究機関で職を得て、講義や教育、あるいは政府の政策に助言をしたりする。そのことの意味を、よく考える必要があります。

なぜわれわれが、国際政治学者の本を見るとき、学歴経歴から見るのか、察しがつくでしょう。何年アメリカで学んだのか、そこで学位は取ったのか、帰国後の就職活動で苦労しているか――こうした点を見れば、本の内容はおおよそ推測できます。つまり、ある国際政治学者のアメリカ滞在歴が長く、帰国後あっという間に良いポストに就職しているというような場合、その著書の主張は、「日米同盟は永遠に続くべきである」というものであると、見当がつくのです。そのような結論ありきで書かれた書物に、当然知的緊張はありません。

この第二章では、日本の対米従属のややこしい構造、そしてそれが現在の日本にどういう形で危機をもたらしているのかについて検討してみました。「はじめに」で言ったように、いわば「国内問題としての対米従属」について見たわけです。

次章では、先に述べた「三つの時代区分」を念頭に置きつつ、ポスト冷戦期における対米従属のあり方の変貌を中心に、経済と軍事という二つの側面から「日米関係における対米従属」の本質を検討していきます。

注

＊1 二〇一三年九月一〇日、バラク・オバマ大統領はシリア問題に関するテレビ演説で、「米国は世界の警察官ではないとの考えに同意する」と発言した（「化学兵器使用疑惑　米大統領、『世界の警察官』否定」『毎日新聞』二〇一三年九月一一日夕刊）。

＊2 孫崎享『戦後史の正体』創元社、二〇一二年。

＊3 一九四九年の夏に国鉄をめぐって起こった、下山事件（七月六日）、三鷹事件（七月一五日）、松川事件（八月一七日）の三つの事件。下山事件は、初代国鉄総裁下山定則が失踪後に常磐

線綾瀬駅付近で死体で発見された事件。三鷹事件は、国鉄三鷹駅で無人列車が暴走した事件。松川事件は、青森発上野行きの旅客列車が福島県の松川駅付近で脱線、転覆した事件。

＊4 この著書は当時三〇万部以上のベストセラーとなった。この中でウォルフレン氏は、日本の民主主義は常に「中味のない貝殻のようなもの」であり、「その殻のなかで実際に機能している権力システム」を「官僚独裁主義」と名付けた（カレル・ヴァン・ウォルフレン著、篠原勝訳『人間を幸福にしない日本というシステム』毎日新聞社、一九九四年、八九頁）。

＊5 白井聡、カレル・ヴァン・ウォルフレン『偽りの戦後日本』ＫＡＤＯＫＡＷＡ／角川学芸出版、二〇一五年。

＊6 「自由民主党　日本国憲法改正草案」平成二四年四月二七日。
https://www.jimin.jp/policy/policy_topics/pdf/seisaku-109.pdf

＊7 憲法審査会の参考人とした招致されたのは、自民党推薦の早稲田大学教授・長谷部恭男氏、民主党推薦の慶應義塾大学名誉教授・小林節氏、維新の党推薦の早稲田大学教授・笹田栄司氏の三名（「二〇一五年六月四日　衆議院　憲法審査会」）。
http://kokkai.ndl.go.jp/SENTAKU/syugiin/189/0250/18906040250003.pdf
自民党の憲法観について、小林氏は憲法審査会後の二〇一五年六月一五日の会見で「自民党の勉強会に行くと、毎回『どうして憲法は政治家だけを対象にしているのか』という話になり、そのうち『国民が守らなくていいのか』という話になり、『権力者も一般国民も守る』ものだとなり、（国民が政府に）協力するという話が入ってくる。憲法はそんなものではない」「憲法は主権者が権力担当者、政治家、公務員に課した制約」と語った。

「安保関連法案『国民を愚弄』『珍妙な引用』長谷部・小林両氏の与党批判詳報」(『毎日新聞』二〇一五年六月一五日、デジタル版)。

http://mainichi.jp/articles/20150615/mog/00m/010/012000c

*8 二〇一五年六月一一日の衆議院憲法審査会で自民党の高村正彦副総裁は「憲法調査会の場でおのおの考えを自由に述べていただくことは結構」「私たちは、憲法を遵守する義務があり、憲法の番人である最高裁判決(引用者注:砂川判決のこと)で示された法理に従って、国民の命と平和な暮らしを守り抜くために、自衛のための必要な措置が何であるかについて考え抜く責務があります。これを行うのは、憲法学者でなく、我々のような政治家」「憲法学者の言うとおりにしていたら、今も自衛隊はありません、日米安全保障条約もありません」と述べた。http://kokkai.ndl.go.jp/SENTAKU/syugiin/189/0250/18906110250004.pdf

*9 二〇一五年四月二九日、安倍首相は、米国連邦議会で演説を行ない、夏までに安保法制を成立させることを宣言した。「日本はいま、安保法制の充実に取り組んでいます。実現のあかつき、日本は、危機の程度に応じ、切れ目のない対応が、はるかによくできるようになります。この法整備によって、自衛隊と米軍の協力関係は強化され、日米同盟は、より一層堅固になります。それは地域の平和のため、確かな抑止力をもたらすでしょう。戦後、初めての大改革です。この夏までに、成就させます」(「米国連邦議会上下両院合同会議における安倍総理大臣演説『希望の同盟へ』」)。

http://www.mofa.go.jp/mofaj/na/na1/us/page4_001149.html

＊10 「満州事変、そして国際連盟からの脱退。日本は、次第に、国際社会が壮絶な犠牲の上に築こうとした『新しい国際秩序』への『挑戦者』となっていった。進むべき針路を誤り、戦争への道を進んで行きました」(「平成二七年八月一四日　内閣総理大臣談話」)。
http://www.kantei.go.jp/jp/97_abe/discource/20150814danwa.html

＊11 矢部宏治『日本はなぜ、「基地」と「原発」を止められないのか』集英社インターナショナル、二〇一四年、四二―五二頁。

＊12 「日本国とアメリカ合衆国との間の相互協力及び安全保障条約第六条に基づく施設及び区域並びに日本国における合衆国軍隊の地位に関する協定及び日本国における国際連合の軍隊の地位に関する協定の実施に伴う航空法の特例に関する法律」
http://law.e-gov.go.jp/htmldata/S27/S27HO232.html

第三章　対米従属の諸相（一）

——経済的従属と軍事的従属

本章では、ポスト冷戦期を中心に、対米従属の歴史的諸相について、経済領域と軍事領域の二側面に分けて考えてみたいと思います。まずは、対米従属が自己目的化した時代における経済領域での対米従属について、簡潔に分析します。それによって、経済現象が政治からまったく独立などしていないことが理解できるはずです。そこから、政治における対米従属の本丸を見ていきます。政治権力はその本性上暴力にかかわります。つまり、軍事における対米従属に焦点を当てなければなりません。

1　経済領域における対米従属

レーガノミクスの功罪

まずは、経済領域での対米従属について、「マネー敗戦」からTPPに至る流れに着目してみます。マネー敗戦とは、アメリカのレーガン政権によるレーガノミクス政策をきっかけとして起こったものでした。当時のアメリカは「双子の赤字」と呼ばれる、貿易収支と経常収支の二重の赤字を抱えており、このままでは経済破綻《はたん》しかねないと言われるほどの状況でした。その中でも、日米間での貿易不均衡、日本側の大幅な黒字が問題視されていました。これを解決する策として提示された経済政策がレーガノミクスでした。ちなみに「アベノミクス」の名前もここからとられています。

レーガノミクスの面白いところは、国家が財政赤字に陥っているとき、普通なら増税を考えるところを、減税すべきだとしたところです。レーガン大統領は、減税すればするほど税収は増えるんだと、逆説的なことを言い出したわけです。

レーガン大統領はイデオロギー色の強い人でもありました。反共産主義的な考え方から高負担高福祉の国家はソ連的であるとし、アメリカはアメリカらしくまったく違う考え方でいくべきだと主張します。そこで出てきたのが、税率を低くすれば低くするほどみんな一生懸命働くようになるので、かえって税収が増える、という魔法のような考えです。実際、この考えは当時「ブードゥー・エコノミー」と呼ばれ、眉唾《まゆつば》ものであると見なされていました。この場合のブードゥーとは、「怪しい呪文を唱えているだけで意味がわからない」という意味です。

レーガン政権は、具体的には、富裕層への減税を行ないました。というのは、そもそも貧困層への税率は低いため、富裕層に対する累進課税を緩和するほうが影響は大きいからです。

では、レーガノミクスの結果、アメリカ経済は復活したのか。その答えは単純には言えません。短期的には、まさに「ブードゥー」だったと言えます。税率を下げたところで、生産性が上がったとはあまり言えず、税収もそれほど増えず、赤字は拡大していきました。とはいうものの、中期的にはアメリカに世界中のマネーが流れ込む仕組みをつくり、同国の覇権を延命させたと言えます。レーガン政権は、今日にまで続く世界的な新自由主義の流れを大いに促進することで、「偉大なアメリカ」を観念的に回復させたのです。

しかし、長期的には、いわゆる経済のカジノ化をもたらし、それは二〇〇八年のリーマン・ショックでついに矛盾を露にします。明らかになった矛盾は、本質的にはいまも解決されてはいません。

マネー敗戦とソ連崩壊

ここでは当時起こったことに焦点を当てます。アメリカの双子の赤字はさらに拡大しました。レーガン政権は小さな政府を標榜《ひょうぼう》して税金を下げ、資本の自由を最大限尊重するという政策を取ったと同時に、「スターウォーズ計画」をぶち上げるなど、ソ連との対立を先鋭化させ軍事拡大を進めます。軍拡はもちろん大変なお金がかかるため、赤字問題はさらに深刻化していきます。その際に少なからぬ役割を果たしたのが、日本でした。米国債を大量に購入することにより、レーガノミクスをファイナンスしてあげたわけです。

そして、一九八五年九月二二日、ドル高の是正を目的として米、英、西独、仏、日本の五ヶ国の蔵相会議がニューヨークのプラザホテルで開催されます。有名なプラザ合意です。合意後、各国は為替市場に協調介入し、ドルはたちまち下落していきました。

レーガン政権は当初「強いドル」ということを言っていました。軍事的、経済的に強く偉大なアメリカのためには、その通貨も強くなければならない、と。しかし、ドル高によって貿易赤字が拡大していきます。アメリカの産業（製造業）を回復させたいなら本来、輸出を増やす必要があり、ドルは安くしなければならない。レーガン大統領は選択を迫られ、結局「強いドル」を放棄したのでした。

プラザ合意以前から、すでにもう円高圧力は強まっていたのですが、プラザ合意がなされることによって、円高ドル安の流れは加速します。だいたい一ドル約二四〇円だったのが、一九八七年には一二〇円台にまで下がっていきます。対円でドルの価値はおよそ半減したわけです。

これによって、アメリカは大きな得をしました。まず、それ以前にアメリカは日本からレーガノミクスへのファイナンスで大量にお金を借りています。その借金は全部ドル建てです。実は米国債問題のポイントは、日本が買った米国債は全部ドル建てであるということです。例えば一ドル二四〇円のレートで借りたとすると、後に一ドルが一六〇円になれば、借りた側からすれば、何もしなくても借金が三分の一圧縮されたのと同じことになるわけです。実際にそういうことが起きたのです。

この状況を、経済学者の吉川元忠は「マネー敗戦」と名づけました。例えば、一部なりとも円建てで貸していればまだよかったのですが[*1]、日本はそういうことをしなかった。吉川は、一九九八年に出版された著書『マネー敗戦』で、日本はアメリカの借金棒引き術に引っかかってとんでもない目に遭っているんだということを書いています。その他にも、ケインズ派経済学者の宮崎義一もこれと同じようなことを論じていますが[*2]、当時、こうした分析は、経済学業界で決して主流の議論にはならなかったようです。主流派には、経済現象の背後にある政治力学が見えない、あるいは見て見ぬ振りをするのです。

借金が目減りしたアメリカは、できたお金で軍拡を行ない、米ソの軍拡レースを激化させます。そのとき、すでにソ連は基礎体力が弱っており、結果として、冷戦構造が最終的に崩壊するという大事件が八九年から九一年にかけて起こっていきます。

この流れにおいて、日本は一体何をやったのか。アメリカの膨大な借金をファイナンスしたという意味では、間接的にはソ連の崩壊を導いたことになります。冷戦構造は、日本が敗戦を否認することが可能な、心地よい環境を提供してくれていたものでしたが、ある意味で日本はその環境の破壊に自ら手を貸したとも言えるわけです。

経済停滞の犯人捜し

冷戦構造が終結すると、九〇年代以降は金融の国際化、金融をめぐる世界的なルールの統一化が一層進んでいきました。なぜ、ルールを統一しなければならないのかと言えば、資本移動の自由化を進め、金融資本主義化を進めるためには、国によってルールが異なるのは不都合であるからです。

そんな中、日本型産業構造に対する批判が起こります。日本の産業構造は、よく「護送船団方式」などと呼ばれていましたが、端的に言うと、国家による指導の側面が非常に強い資本主義です。通産省（現・経産省）や大蔵省（現・財務省）が各主要業界に対して強い権限を持ち、産業の司令塔として指導をするというところに特徴があります。

本山美彦《よしひこ》さんの『金融権力――グローバル経済とリスク・ビジネス』で詳しく説明され

ていますが、ここでキーポイントになるのは、金融システムです。国家指導型資本主義においては、国家が必要と考える産業にファイナンスしないといけない。そのときにリスクが高ければ、民間金融機関は応じることができない。かといって国家が丸抱えにするのでは、資本主義社会、自由主義社会とは呼べません。

そこで中間的な形態として生み出されたのが、政府系の金融機関です。例えば長期信用銀行などの特殊な金融機関が長いスパンで企業活動を支援すれば、短期的な利ざやを求めず、長期的な展望の下に企業の活動を支援できる。これが日本型産業構造の特徴であり、戦後の経済成長を支えたシステムであったわけですが、一九九〇年代あたりから激烈な批判にさらされていくことになります。[*3]

バブル崩壊以降、いよいよ日本経済が停滞するようになって、その犯人捜しが始まります。そのとき最も激しくやり玉にあげられたのが、この構造でした。国家の統制が強すぎるために自由なイニシアチブがない、だからバブル崩壊のダメージから立ち直れないんだろう、という論調がメディアを席巻していきます。ちょうど私が大学生だった九〇年代後半は、まさにこうした論調の最盛期だった覚えがあります。

でも、いまから考えると、これらの批判が一体何を批判していたのかよくわかりません。その後「金融ビッグバン」等々によって金融のルールを変えて、護送船団方式を崩さねばならないという流れになります。詳しくは次章で説明しますが、今日の目から見れば、停滞の本当の理由は、非常に長期的な意味での資本主義の行き詰まりという問題ですので、根本的には解決のしようがなかったのではないかと思われます。短期的な理由は、不良債権の処理に手間取ったことが主因であり、九〇年代末の小泉内閣の時代にやっとそれに気づきます。これを処理しないとどうしようもないということで、実質的に政府が不良債権を保証することになります。

ですから、長期的に見ると、バブル崩壊の痛手から立ち直るにあたって、護送船団方式や日本型産業構造をことさらに問題視するのは筋違いであったと思われるにもかかわらず、なぜかそこに諸悪の根源があるかのように言われました。いまになってみると、それは何かを行なうための口実にすぎなかったのではないか、と考えられるのです。それが、例えば金融ビッグバンであり、構造改革です。日米の間で年次改革要望書が実質的に始まるのが九四年ですから、ちょうど金融ビッグバンの前夜に当たる時期です。

年次改革要望書からTPPへ

　年次改革要望書とは、日米が両国の経済的な交流をより深めるために、それを阻害する不合理な法律や習慣などをお互いに指摘しあって、親密な経済関係をもっと深めていきましょうというものです。[*4] これだけを聞くとまことに結構なものに思われるかもしれませんが、しかし、どう運用されたかを見れば、それは建前であって、実際はアメリカからの日本に対するほとんど一方通行的な要求です。

　アメリカの経済的苦境の一因は、対日貿易赤字でした。改革の要求は、アメリカ側が貿易不均衡の理由を、自国の産業の欠点のために日本製品との競争に勝てない、つまり自業自得であるとせず、日本の市場が閉鎖的であるからだ、と主張するための手段として機能しました。そこから、多国籍資本が日本市場に入っていくための規制緩和の要求が出てきます。

　年次改革要望書とか、構造改革協議、金融ビッグバン、金融資本の移動の自由化といった一連の改革は、軌を一にしていることがわかります。いずれの現象も、グローバル資本が何のしばりも受けず動き回れる状態をつくり出そうとするものです。この流れが、今日のTPPにまでつながっていくというのは非常にわかりやすい話だと言えます。

こうしたことが最終的にどこに帰結するかといえば、これまで社会が万人の共有物として保持してきた直接的な生活基盤を食い物にしようとする資本の運動が、いよいよ顕著になってくるということです。後に論じますが、国民皆保険制度を壊そうという動きなどがその典型です。資本の運動は、その本性上行き過ぎるものだから規制する必要がある、と考えるのが真っ当な発想だと思いますが、「永続敗戦レジーム」によって支配された日本は真逆の方向に迎合し、それを促進するような政策に向かって邁進している状況です。政治権力と経済権力が、一丸となって、これを後押ししているのです。

こう考えると、抵抗すべき対象はアメリカ国家だけではなくなってきます。アメリカ国家が促進する政策の背後には多国籍企業があります。ですからTPPに関しても、アメリカ国内でも相当に強い反対が存在します。大企業を儲けさせるだけで、雇用の不安定化など、大衆への搾取がより一層進むだけではないか、という批判です。したがって、今後大事になってくるのは、いかにして反グローバル資本の国際的連帯をつくるのかということになるでしょう。

以上、冷戦末期からポスト冷戦期、そして今日に至る過程での対米従属の経済的側面を見てきました。続いて、現在における軍事面での対米従属の本質を考えるために、歴史を遡って見ていきましょう。

2　日米安保体制の本質

安保体制をめぐるすれ違い

冷戦構造が崩壊した後、軍事領域における対米従属はどのように展開してきたのか。ここで焦点化されるべきはやはり日米安保体制です。新安保法制が成立した現在、日米安保体制の本質を考えることがいよいよ切迫した課題になってきました。

安保体制についていては、国民のあいだで、米軍は日本を守るために駐留している、という感覚が広範に共有されています。しかし、吟味されるべきは、この「常識」なのです。この感覚にも日本の対米従属の異常性がよく表れています。確かに、同盟関係にある以上、有事に際してアメリカは日本のために血を流すかもしれません。しかしながら、そのような犠牲をアメリカが払うとすれば、それはアメリカ自身のためです。そうすることが自国の国益にかなう限りにおいて、行なわれるにすぎません。逆に言えば、国益にかなわないと判断されれば、犠牲など払わないでしょう。

これは国家として当然の行動原則であると私は思いますが、多くの日本人は米軍は日本をほとんど無条件的に守るものだ、と漠然と思い込んでいます。アメリカが日本人のためになんでそんなことをしなくてはならないのか、私にはさっぱり理解できません。ここには温情主義の妄想があります。ゆえに、この妄想的常識の背後にある本質に迫らなければなりません。

そして、新安保法制をめぐる政治プロセスの中で、中国脅威論がはっきりと頭をもたげてきました。いまやそれは、あらゆる不合理な政策を正当化するための万能薬としての機能すら果たしています。このような危険な状態が現出した一因は、これほど長期にわたって日米安保体制が続いてきたにもかかわらず、それが何であるのかについて、本質的な国民的コンセンサスが存在しない点にあるのではないか、と私は思うのです。

在日米軍は日本を守ってくれるためにいるのだ、という吟味されていない大衆的常識がある一方で、新安保法制における議論を見れば明らかなように、賛成派と反対派の議論はまったく嚙み合いません。この嚙み合わなさの本質をより深く見ていくと、賛成派が日米安保体制をいかにして磐石《ばんじゃく》なものとして保ち続けるかを重要視しているの対して、反対派の人たちはもはや日米安保体制そのものが、必ずしも日本のためになるものではないと考

図3-1　安保条約・在日米軍とは何なのか

	アメリカは日本を防衛する義務がある	アメリカは日本を防衛する義務はない
アメリカ側の視点	日本のタダ乗り	アメリカの世界戦略のための基地
日本側の視点	日本の番犬	？

えている。ここで、もう完全に話が噛み合わなくなるわけです。

なぜ噛み合わないのか。それは、安保体制について評価する視点がばらばらだからです。日米安保体制というものは何のためにあるのか。それをまず、日本側の視点、そしてアメリカ側の視点からそれぞれ見てみる必要があります（図3－1）。

番犬論とタダ乗り論

一朝事があれば、米軍は日本のために無条件に犠牲を払うはずだという「常識」が、もし本当にその通りだとするならば、日本はコスト的にかなりうまくやっているという解釈が可能になります。日本は自前ではそれほどの防衛費を出さず強大な軍事力を手にしていることになりますから、うまい取引なのだ、と。安保体制の庇護下にあり、米軍基地がたくさん日本にあることによって、占領継続のような情けない状態に見えるけれども、それは違う。米軍をうまいこと自分の「番犬」として使っているのだ、日本は米軍という超強力な番犬に守られて、コストパフォーマンスがいい――この考え方を「番犬論」といいます。

そうだとするならば、アメリカの視点から見た日米安保とは何なのでしょうか。「日米安保、日本タダ乗り論」というものがあります。日米同盟において、アメリカが払っているコストに対して、日本が払っているコストは少なすぎる、タダ同然ではないか、という議論です。もし、アメリカが無条件に日本を防衛するのだとすれば、アメリカ側からしばしば出されるところの日本タダ乗り論というのは正しいと言わざるをえません。それは、日本側の「番犬論」を太平洋の反対側から見たときの評価にほかならないのです。

しかし、これはアメリカに防衛義務があると仮定した場合の話であって、本当にそうなのかはわからない。日米安保におけるアメリカの参戦義務は、NATO（北大西洋条約機構）におけるアメリカの参戦義務に比べてはるかに緩いものでしかありません。[*5] 日米安保体制においては、アメリカの大統領は日本に何かが起こったとき、参戦するかどうかは議会に諮《はか》ります。[*6] そのときに議会が、参戦はアメリカの国益にならないと判断すれば米軍に出動する義務はありません。日米安保におけるアメリカの防衛義務というのは実はかなりグレーゾーンが多いものです。

したがって、番犬論／タダ乗り論と逆の想定をしてみる必要があります。すなわち、アメリカは日本の国土を基地として利用しながら、日本を守るために犠牲を払うつもりはないのだとすれば、アメリカにとっての日米安保の意義は、自国の展開する世界戦略のための便利な手段だということになります。では、その場合、日本側から見て、米軍基地の価値とは一体何なのでしょうか。いざとなったとき、必ずしも守ってくれるわけではない。にもかかわらず、その存在に日本の権力が固執するのはなぜか。

このように、アメリカの視点、そして日本側の視点でそれぞれ見てみると、日米安保体制の意味合いというものがより明確になってくるはずです。

安保体制の起源としての昭和天皇

そこで歴史を遡り、安保条約の起源を見てみましょう。豊下楢彦《ならひこ》氏をはじめとする、日本の対米従属を批判的に見る非主流派の歴史家たちが非常に困難な研究を重ねて、その政治的プロセスを明らかにしましたが、[*7]日米安保条約は、サンフランシスコ講和条約とセットのものです。同講和条約が発効する時点で、占領軍は撤退しなくてはなりません。けれども、米軍は撤退したくなかった。冷戦構造下において、日本に世界戦略のための基地を持ち続けたい。日本の国家主権が回復されてしまうと、外国の軍隊の基地を置き続ける理由がなくなります。ですから別個に条約を結ぶ必要があったわけです。それが日米安保条約の起源です。

このように、サンフランシスコ講和条約と日米安保条約は限りなくワンセットのものである、ということをまず押さえておく必要があります。この交渉を米側で主導したのは、当時の国務長官であるジョン・フォスター・ダレスですが、ダレスが獲得しようとした目標は、独立したはずの日本に、「望むだけの軍隊を望む場所に望む期間だけ駐留させる権利」を得る、ということでした。[*8] 要するに、やりたい放題にやるということです。もちろんこれは理想的な獲得目標であって、ダレスとて、まさか一〇〇%それが叶うとは思っていなかった。しかし、交渉過程で日本側が譲歩を重ねたために、ダレスの理想的な目標が実現することとなったのです。

その状況をつくった主役がなんと昭和天皇であったというのが、豊下氏の研究が提出した驚くべき説です。私は、豊下説には相当の説得力があると考えています。[*9] 当時、首相の吉田茂にしても、アメリカの要求を一〇〇%飲むなんて、独立国としては許されざることであると考えていた。にもかかわらず、ダレスの要求は完全に受け入れられた。それを主導したのは昭和天皇であったというわけです。日本に米軍基地がたくさんあるのは、戦争に負けた帰結であり、本来日本民族のナショナル・アイデンティティにとって非常にトラウマ的な出来事であるはずです。臥薪嘗胆《がしんしょうたん》の気持ちで米軍基地を見つめるというのがナショナリストの心のあり方でしょうが、そのような状態を望んだのは、誰あろう天皇陛下であったと。

昭和天皇の「現実的判断」

なぜ昭和天皇はそこまでしたのかという驚きが生じますが、これには明確な理由があるのです。それは、昭和天皇の共産主義に対する恐怖です。豊下氏によれば、昭和天皇は冷戦が本格化する以前から「内外の共産主義が天皇制の打倒をめざして直接・間接に日本を侵略してくるのではないかという危機感に苛まれて」いました。*10 二〇世紀以前から世界各国で起きた多くの革命において王室は廃され、ロシア革命に至っては皇帝一族もろとも殺されてしまいました。日本で共産主義革命が起こったらどうなるか。皇統が断絶してしまうに違いないという恐怖があった。だから、どんな妥協をしても、何とかして皇統を続けていかねばならないというのが、昭和天皇の覚悟であったとも言えるわけで、そのために米軍を利用したのです。豊下氏も言っているように、こう考えると、在日米軍とは、国体護持のための装置だったということにもなります。[*11]

天皇制を存続させるということは、皇族にとって職業倫理です。豊下氏には『昭和天皇の戦後日本――〈憲法・安保体制〉にいたる道』という著作がありますが、それを読むとわかるのは、当時の大半の保守政治家よりも、昭和天皇の方がはるかに頭脳明断であったということです。昭和天皇の皇統をつないでいくという強靱《きょうじん》なる意志が冴えた現実的な判断を生んでいたことがよくわかります。

その象徴的な事例が、戦後憲法をめぐるプロセスです。恒久的な武装解除という内容に対して多くの政治家たちが拒否反応を示す中、昭和天皇は「それでよい」と言います。

オーストラリアやソ連は天皇制廃止を主張しており、憲法制定の過程に他の連合国が介入してくるような事態になれば、天皇制を廃止する憲法を受け入れざるを得なくなってしまうかもしれない。だから、アメリカは、他の連合国を納得させるには、天皇制維持のかわりに武装放棄をする憲法にするしかないと言って、政府要人たちに迫りました。昭和天皇は、こうした背景を非常によく理解していました。[*12]

ただし、こうした「現実的な判断」が冷酷なものでもあったことを付け加えておかなければなりません。それが、戦後の沖縄の処遇をめぐる判断です。共産主義陣営に対する守りを固めるために、沖縄を無期限的にアメリカの手に委ねるという提案を、昭和天皇自身がアメリカに対して行ないました[*13]（沖縄メッセージ、一九四七年）。このことが、現在にまで続く在沖縄米軍基地問題につながっていることは、まったく明らかです。

旧安保から新安保条約へ

次に、岸信介内閣時代に結び直された、新安保条約について見てみましょう。安倍首相は、自分の祖父が行なった一九六〇年の新安保条約の締結と、このたびの新安保法制を結びつけて考えています。

安倍首相は、六〇年の新安保条約について、次のようなことを述べています。あの頃に安保闘争と言って国民が大騒ぎをしたのは不条理であった、なぜかといえば、彼らは安保のことを理解していなかったからだ、と[*14]。岸自身も同じようなことを言っていますが、確かに一九五一年の旧安保条約には、アメリカには日本に対する防衛義務がなく、アメリカとしては好き放題に基地を使うけれども、有事の際には自分たちの考えで勝手に動くという明白に一方的なものでした。つまり、占領の延長のようなものでしかなかった。岸は、六〇年の新安保条約で旧条約を相対的に対等なものに変えようとして、ある程度は実現をした。そのことを理解せず、アメリカに国を売った奴だ、といった批判を反対派がしていたのはまったくのナンセンスである、と岸は主張しています。[*15] しかしながら、反対派は、六〇年に新条約になったところで、アメリカの防衛義務は決して厳格なものではない、と批判します。

どちらの言い分に真実があるのでしょうか。留意しなければならないのは、反対派の六〇年安保批判は、アメリカとの軍事同盟関係を恒久化する必要があるのか、という疑問を投げ掛ける「そもそも」論であった、ということです。その意味でそれは、条約の対等性・非対等性を問題にしていなかった。このことを無視して、反対派の主張はナンセンスであったと決めつける岸＝安倍の論法は、対米従属以外の方針をアプリオリ（無前提）に斥《しりぞ》けるものにほかなりません。

五一年の旧条約と六〇年の新条約には大きな違いが何点かありますが、興味深いのは条約の有効期間です。五一年の条約においては、なんと有効期間がありません。未来永劫、アメリカは日本に基地を好きなだけ置き続けて、それでいて、何かあっても必ず守るわけではない。さらに、内乱条項[*16]がありました。日本で深刻な内乱が起きて日本の警察力や自衛隊だけで対処できない場合は、米軍が鎮圧する、という条項です。要は、日本国内の行く末についても、アメリカが最終的な決定権を握っていることが、明白な条約なのです。

岸は安保条約の改正をアメリカに対して持ちかけるにあたって――これは岸自身が言っていることですが――最初は相手にもされないだろう、しかし、このように占領軍的性格がむき出しなままでは日本人のあいだに広範な反米感情が生まれてくることを避けられない。だから結局、改正せざるをえなくなるだろう、と考えていました。[*18]

かくして、新安保では、条約の期間が定められました。アメリカから日本に、あるいは日本からアメリカに、この条約をやめましょうといえば、そこから一年で安保条約は失効するという約束になっています。内乱条項も廃止されました。ですから、六〇年の新条約によって、五一年の旧条約が持っていた占領軍的な性格が確かに薄められたということは言えます。

安保改正の意味

しかしながら、占領軍的な性格が薄まったとはいえ、先に述べたように、本当のところ、新安保条約においても、防衛義務がありやなしやということが、厳格に決定されていません。そこが、安保体制にまつわる究極的な曖昧さでもあります。もし日米が国策を共有していて、防衛義務について完全に合意し、有効であるのだとすれば、親米保守派の主張する、日米安保体制は日本にとって得な話だという理屈には、それなりの一貫性があることになります。

そして、今回の新安保法制の件は、同じ理屈の延長線上にあります。すなわち、中国の脅威（それが新安保法制賛同者の主張通りにリアルなものだと仮定して）に対してアメリカが全力で対処してくれるならば、日本の自衛隊がアメリカの戦争へ加勢して少々の血を流すぐらい当然ではないか、というわけです。しかし、もしアメリカに防衛義務がないのだとすれば、その前提はすべて覆《くつがえ》ります。

では、日米が本当は国策を共有しておらず、そしてアメリカの日本に対する立場は中立なものであるとした場合、つまり日本がアメリカにべったりと追随していくことに何の利益があるのか曖昧な場合、アメリカにとって安保体制と在日米軍基地は、純粋に自身の世界戦略のためのものであり、占領の継続だということにもなります。

そのとき、日本にとって安保体制にはどんな意味があるのでしょうか。それは、国民の利益とは直接に関係がないということになります。とすれば、残る機能は、対米従属の権力構造を維持するための装置としてのそれ以外には、何も見出せなくなる。日本国家の側から見れば、国内の権力構造を維持するために、世界最強の軍隊を自分のところに引き込んだということです。明らかに、五一年の旧条約はそのような性格を持っていました。

また旧条約の内乱条項も、この性格に関係しています。この条項は、安保条約が成立する以前、つまり占領軍としての米軍がいた頃の状況に照らせば、非常にリアルな意味合いを持っていました。戦後間もない頃、東京では、共産党に率いられたかなり戦闘的なデモンストレーションが起きていましたが、それを最終的に止めたのは、米軍です。GHQが解散命令を出して、吉田茂の政府を救ったわけです。

あるいは、一九四七年に官公庁の労働組合を中心に計画された、いわゆる二・一ゼネストにしても、最終的にはマッカーサーの命令で中止されました。GHQがいなければ二・一ゼネストは決行されていたわけです。そうすれば、当時の日本の国家権力は崩壊の危機に瀕《ひん》したでしょう。つまり、占領期においては、米軍は当時の日本の支配構造、国体を守っていたと明確に言えるわけです。

このように見てくると、岸の企てた安保改正とは、ある側面では安保条約の「国民化」であったと定義できます。露骨な占領軍的性格をある程度まで相対化したことで、日米安保体制を日本国民のための体制とする、日本国民のための安保条約にしていくということを、ある程度成し遂げたとは言えるでしょう。ただし、それはあくまで、日米が国策の根本内容を完全に共有できるという前提があってのことです。

「国策の共有」の虚構性

この段階で想定外にならざるをえないことが、ひとつあります。それはつまり、日米の友好関係が壊れ、日米が再び対立するという状態です。そうなると、日本側から見れば、米軍は占領軍以外の何者でもないということになる。これは何もまったくの仮定の話ではなく、現にそのような認識をアメリカが見せたことがすでにあります。

ニクソン政権時代の一九七一年、国務長官のヘンリー・キッシンジャーが中国に極秘訪問し、周恩来首相と会談した際に述べた「瓶《びん》の蓋《ふた》」論というものがあります。

キッシンジャーは、米中国交正常化に向けた準備交渉のために中国へ行ったのですが、両者の会談の席で周恩来が、国交正常化に対して前向きな姿勢を示しつつも、在日米軍の存在について、「なぜ、米軍を他国〔日本〕に駐留させるのですか」とキッシンジャーを問い詰めます。そのように我が方を敵視して喉元に大軍を突きつけているような状態では、友好関係は結べない、と。[19] これに対してキッシンジャーは、「我々と日本との防衛関係が日本に侵略的な政策を追求させなくしている」「日本が大々的に再軍備をすれば、やすやすと一九三〇年代の政策を繰り返すことができるでしょう」と答えます。[20]

キッシンジャーは周との別の会談の席でも、「もし我々が撤退するとなると、原子力の平和利用計画によって日本は十分なプルトニウムを保有していますから、とても簡単に核兵器を作ることができます。ですから、我々の撤退にとって代わるのは、決して望ましくない日本の核計画なのであり、我々はそれに反対なのです」と述べています。[21] 要するに、在日米軍とは、第二次大戦のときに見られた、極めて危険な存在としての日本人を押さえ込むための「瓶の蓋」である、ということです。

この論理は、中国と国交を開くためのレトリックにすぎないのか、それとも本音なのか。仮に本音ならば、日米は端的に対立しているということになります。

いまから振り返れば、アメリカが中華人民共和国との国交樹立に向かったという流れは、冷戦構造の終結に向けた第一歩でした。そのことが示唆《しさ》するのは、日米が根本的次元で国策を共有できる状態とは、冷戦構造があってこそ可能であった、ということです。

六〇年安保について岸は、自分はこんなに正しいことをやろうとしているのに、なぜ国民は反発するんだと腹を立てたわけですが、しかしながら、六〇年安保に対する批判の本質は、新条約に切り替えることによって、冷戦構造の中で日米が国策を完全に共有するほかないような状態を歩むしかなくなる、ということだったのです。

岸首相の前任者であった石橋湛山は、「何も急ぐ必要などないのに」という批判を当時投げ掛けました。それは、冷戦構造が永久に続く保障はないのに、冷戦構造の中でしか合理性を持たないような立ち位置に国を置くことに対する批判だったと言えます。確かに、五一年の旧条約がある限り、ほとんど公然たる仕方で占領が継続しているような状態が続く。しかし、相対的な対等化は、日米の国策の共有が運命づけられるという事態をもたらしたわけです。

ただし、冷戦構造が続く限りは、日本はこの構造の中で経済的に大成功を収めることができ、保守政権が長期にわたって安定政権を担当し続けることができました。問題が表面化したのは、冷戦構造の崩壊によって、この日米の根本的国策の共有という前提が揺らぎ始めたためです。湛山の表明した危惧は現実化しました。どれほど親密さを喧伝《けんでん》しても、もう現実には、国策は非共有になり、場合によっては対立となることもあります。

冷戦構造下においてすらこの共有が大きく揺らいだ瞬間を、もうひとつあげましょう。

例えばベトナム戦争です。ベトナムでアメリカがやっていることに対して、「これはおかしいではないか」という声が日本の中でも非常に大きくなりました。べ平連（ベトナムに平和を！市民連合）などを中心とするベトナム反戦運動の広がりは、その表れです。結局アメリカはベトナム戦争に敗れ、この敗北がアメリカが下り坂を迎えるきっかけのひとつになります。

とはいえ、アメリカが自由主義陣営のリーダーの座からすぐに滑り落ちることはなかった。先に見たように、経済面での没落の食い止めを助けたのは、他ならぬ日本でした。しかし、似たようなことが、今度は冷戦崩壊後の二〇〇〇年代になって反復されます。すなわちイラク戦争です。ブッシュ・ジュニア政権が始めたイラク戦争の失敗が明白になったことによって、アメリカの覇権が根本的に揺らぐ時代に突入してきたわけです。

中曽根康弘の不沈空母発言

次に、冷戦末期から現在に至るまで、つまり中曽根康弘元首相の「不沈空母」宣言から、やがては集団的自衛権行使容認に至るまでの流れを見ていきましょう。

中曽根政権の時代、先に述べたように、日本はレーガノミクスをファイナンスするために、多くの支援を行ないました。中曽根氏は、右派的な政治家だと言われていますが、実はこれほどアメリカに従順だった人はいないのではないか、というぐらいにアメリカを助けてあげた人です。レーガン政権によって米ソ対立が深まる中で、「日本列島はアメリカの不沈空母である」*22という発言をして物議を醸《かも》しました。

この発言の実質的内容は、「シーレーン防衛」という、日本の近海で活動するソ連の原子力潜水艦の活動を、日本の海軍力を用いて阻止するという話でした。アメリカが日本に対して軍事的な注文、つまり対ソ封じ込め戦略にもっと積極的に参与してほしいという注文をつけてきて、それを日本が呑んだ形です。

防衛費のGNP一%枠のルールが撤廃されたのも、この時期です。当時、国防予算はGNPの一%を超えてはならないというルールがあったのですが、シーレーン防衛のために一%ルールをやめることになります。中曽根政権の時代には、新冷戦などとも言われて、再び米ソ対立が深まっていったわけですが、最終的にはソ連が崩壊し、冷戦構造が崩れます。こうして日本は、アメリカとの新たな関係を模索しなければならない局面に差し掛かったわけです。

つまり、前章で論じた対米従属の三つの区分にあてはめれば、「安定の時代」が終わりを迎えたわけです。ここで私たちがあらためて考えなくてはならないのは、なぜ冷戦崩壊後にこそ、対米従属がより深まり、「自己目的化」してしまったのか、ということです。

親米保守の逆説的状況

戦後間もない頃から、銀座の数寄屋《すきや》橋でしょっちゅう演説をしていることで有名だった、赤尾敏《あかおびん》という右翼の活動家がいました。赤尾は民族派でありながら、親米右翼思想の持ち主です。すでに指摘したとおり、「親米右翼」「親米保守」というのは、本来矛盾を含む表現です。「親米ナショナリズム」などという言葉は、日本以外の国にあるのでしょうか。聞いたことがありません。例えば、フランスの保守であれば「親仏保守」、ドイツの右翼であれば「親独右翼」であるはずです。ところが日本でだけは、「親米保守」なる、まことに奇妙な立場が成り立つとされているわけです。それでも、この「親米保守」もソ連が崩壊するまでは、それなりの理屈がありました。

赤尾に、ある日誰かが問いかけました。「先生は、右翼と名乗ってらして愛国者でいらっしゃるのに、アメリカに対してなぜそんなに親近感があるのですか」と。すると赤尾は、「いや、アメリカは嫌いだよ。だけどいまはしょうがないんだよ。ソ連の共産主義は最悪の脅威である。それを防ぐためにはアメリカの力を借りるしかないんだ」と答えたといいます。この答えは、先にも触れましたが、日本の戦後保守、あるいは五五年体制下の自民党の前提を正確に言い当てていると思います。

しかしながら、ソ連が崩壊してしまえば、保守なり右翼なりを名乗る際に、本来「親米」という言葉は言えなくなるはずです。共産主義という共通の敵がいたからこそ、「親米保守」ということにもある程度の根拠はあったわけですが、その敵はいなくなった。ところが現実には、逆に保守はますます親米化し、どんどんアメリカ様の言いなりになっている。この逆説は、一体どこから発生するのか、考え抜かなくてはいけないのです。

これに関連して、「外務省のラスプーチン」と呼ばれた佐藤優氏が、『国家の罠』を書き、自身が巻き込まれた、いわゆる外務省・鈴木宗男事件の背景を分析しているのが参考になります。

佐藤さんが逮捕されたのは、二〇〇二年のことでした。いわく、この事件の本質の一つは、外務省の内部的な路線対立・派閥対立において、対米従属派が他の派閥を駆逐するために起きたのだ、と。佐藤氏の見方によれば、それ以前の外務省内には、大きく言って三つの潮流があった。親米主義・アジア主義・地政学主義です[*23]。地政学主義とは、地政学的な観点に基づいて、その時々で国際間のパートナーを替えることも辞さないという立場ですから、親米路線を相対化して見ていることになります。佐藤さんは自身をこの派閥に属していたと分析しています。この三つの路線の拮抗《きっこう》によってそれまでの外交方針が成り立っていたのが、鈴木宗男事件を経ることで、親米主義以外の路線は引きずり降ろされることになった。[*24] それが起こった時期は、これからお話しする、アメリカの単独行動主義に日本が無批判的に追随していく始まりの時期に当たります。

日米安保とは何なのか

以上の考察をまとめてみると、**図3-2**のように整理できます。このように整理することによって、日米安保体制の意味が、戦後の全期間を通して変化してきたことがよくわかると思います。五一年の安保条約では、戦勝国アメリカが敗戦国日本をほとんど戦利品として扱ったに等しいと言うべきでしょう。しかし同時に、それは日本側から見れば、「国体護持」の実現手段であった。

述べてきたように、六〇年の安保改定によって、条件つきながらも米軍の日本防衛義務が明記され、米軍はアメリカにとって都合のよい政府を国民の批判や内乱から守っている

図3-2　日米安保条約の意味の変遷（51年、60年、冷戦崩壊以降）

	米軍の日本防衛義務	米軍駐留の目的	国策の共有	米軍は何を守るのか	対米従属の性格
51年の安保条約	×	占領継続、対共産圏防衛	強制的一致	親米的政府	確立
60年の安保条約	△	対共産圏共同防衛、国際秩序の維持（極東条項）	○	日本国民	安定期の始まり
冷戦崩壊以降の安保条約	△	国際秩序の維持	△ないし×	？	自己目的化

のではなく、日本国民を守っているのだ、という体裁となりました。無論それは、日米間での国策の根本的共有が条件となりますが、五一年の安保条約においては、在日米軍の占領軍的性格が拭《ぬぐ》えなかった以上、国策の共有も強制的な性格を免れ得なかったのに対して、六〇年の安保条約では、国策の共有は日本側から主体的に選び取ったものだ、という体裁を得ることとなります。まさにこの点をこそ、多くの六〇年安保反対の論者が追及したことは、先に見たとおりです。

岸信介による安保改定のポイントに付け加えなくてはならないのは、「極東条項」[*25]が加えられたことです。すなわち、在日米軍の駐留目的は、日本の安全を守ることだけでなく、「極東における国際の平和及び安全の維持に寄与するため」と定義づけられました。これは、言い換えれば、在日米軍が同盟国日本の安全保障に寄与するだけでなく、米軍が世界の秩序を安定させるための活動の前線基地として在日米軍基地を利用するということを、あらためて定めたものと言えます。

この極東条項の意義は、冷戦崩壊により大きく変化していきます。なぜなら、ソ連が崩壊することで、日米安保体制の最大の機能であったはずの対ソ連の共同防衛が、意味をなさなくなったからです。順当に考えれば、ソ連の脅威が消滅した時点で、控え目に見ても、在日米軍基地は劇的な縮小を視野に入れてもおかしくないはずです。ところが現実にはそうならなかった。ソ連は存在しない、にもかかわらず巨大な在日米軍基地は維持されなければならない、ということになりました。この矛盾を解くことができるのは、極東条項の延長線上にある「世界の警察官」としてのアメリカの活動を支えるために在日米軍基地があるのだ、という論理しかありません。

そして、このように整理することによって見えてくる最大のポイントは、彼我の国力差が五一年時点と冷戦崩壊後ではまったく異なるにもかかわらず、冷戦崩壊後の安保体制は、五一年安保の体制に似通ってくるということにほかなりません。すなわち、述べてきたように、共通敵が失われたためにもはや国家的利益は共有されるよりもむしろ対立をはらむという事実が決定的です。そうだとすれば、冷戦崩壊後の在日米軍とは、一体誰を守るためにあるのか。このことがよくよく考えられなければなりません。そこに対米従属の自己目的化の病理の核心の問題が隠されているはずなのです。

九〇年代の国連中心主義とその崩壊

とはいえ、ソ連が崩壊した一九九〇年代初頭から今日に至るまで、対米従属が一直線に「自己目的化」していったわけではありません。例えば、九五年前後から、アメリカは日本に対して集団的自衛権行使容認を要求しています。アメリカから見れば、この要求が実現するまで二〇年もかかっているのです。ただし、日本側がこの間それを断ってきたわけでもなかった。日本の歴代政権は、ひと言でいえば生返事、「前向きに検討します」などと言って、のらりくらりとかわしてきたとも言えます。それが、第二次安倍政権になって急に受け入れるようになったわけです。

それでは、九〇年代に何が言われていたか。この時代、日本の国際的責任がいよいよ強調されるようになりました。日本は明らかに経済的には大国化しているのだから、世界で生じている様々な問題に対して背を向けていることはできない、大国にふさわしい国際貢献が求められているのだ、という論調です。第一章で言及した小沢一郎氏の『日本改造計画』でも、そのような主張が強調されていました。

国際貢献には、主に二つの手段があると考えられてきました。お金を出すことと、人を出すことです。この時の「人」とは、端的に軍事力を指します。自衛隊を初めて公式に海外へ出したという意味で画期的だった湾岸戦争後のペルシャ湾での機雷除去作業が、重要なターニングポイントになります。[*26] そして、国連PKO活動への参加であるとか、自衛隊の海外での活動は、それ以降だんだんとその場を広げていきます。

そこで留意すべきは、九〇年代におけるこうした活動では、国連中心主義、すなわち国連の活動に参加するという形で責任を果たしていかなくてはならない、という考え方が強く謳われており、実際その方針に即して自衛隊の派遣等が行なわれていたということです。それが決定的に変質し始めるのが、九・一一以後、対テロ戦争という文脈が出てきたときでした。アフガン戦争、イラク戦争と、単独行動主義にアメリカが突っ込んでいくときに、アメリカのスタンスに対する国際社会からの強力な批判があったにもかかわらず、日本政府は逡巡《しゅんじゅん》する気配すらなくアメリカに追随しました。その延長線上に、今日の集団的自衛権行使容認は位置づけられます。

それでも、小泉政権がアフガン戦争のときの自衛隊のインド洋派遣や、イラク戦争に対して派兵に近いことをやったときは、法的根拠は特措法[*27]によって処理され、憲法解釈の変更や改憲には踏み込みませんでした。ところが、第二次安倍政権においては、憲法解釈を変更し、アメリカの世界戦略への日本の追随を、言うなれば原理化することになりました。小泉政権のやり方は、ある意味で場当たり的ではありました。しかしそれは、アメリカの強引な軍事行動への追随を原理化してはいなかったわけです。つまり、小泉政権がなし崩し的に採った方針を、第二次安倍政権は原理化していると言えます。

新安保法制をめぐる対立点

それでは、成立してしまった新安保法制によって何が危惧されるのか、為政者の思惑を推測することで具体的に考えてみます。

現在の世界情勢において、目に見えて最も不安定な状態にあるのは中東です。シリア難民がヨーロッパへ大量流入し、様々な悲劇も起きている中で、大国イランとサウジアラビアの対立など、さらに大きな戦争の気配すらも感じられます。そこに、もしアメリカが本格的に軍事介入するという状況になったならば、一体どのような形で日本に手助けをさせたいのか。新安保法制の内容に沿って考えれば、自衛隊による兵站、警護なり後方支援が想定可能です。本来、歴史的経緯に鑑みて、あまりに複雑な中東情勢に日本が主体的に軍事的な関与をしなければいけないような義務はありません。

義務はないはずですが、それでも、現在の政府に最大限譲歩した見方をするならば、日本が中東問題にコミットすることによってのみ、「世界の警察官」から降りたがっているアメリカからアジアの情勢（中国の軍事的拡大）にコミットし続ける確約を得ることができるのだ、という答えが出てくるでしょう。これが、一番合理的なラインで考えられる新安保法制を正当化する論理です。そして、はっきり言えば、この論理は、対テロ戦争の主要プレーヤーに日本がなるということですから、在外邦人がテロの標的になることや、日本国内で無差別テロが起こることを覚悟せよ、というものです。

しかし、新安保法制に関する議論は、終始嚙み合わないまま進行していきました。議論を整理すると、まず賛成派と反対派がありますが、対立軸の一つ目は手続き論的な観点です。賛成派は、こういった憲法解釈の変更は○だと言い、反対派は手続き論的に×と言いました。日本が集団的自衛権を行使する国になるべきであるという方向性自体は肯定する人でも、憲法を改正しないでやるのはおかしいという見解を述べる向きもありました。

二つ目の対立軸は、本質論です。賛成派は、いま述べたように、中東への日本の軍事的

図3-3　新安保法制をめぐる対立軸とその賛否

	手続き論	本質論	スタンス
A	○	○	政府の立場を全肯定
B	○	×	論理的にはあり得るが、実際には皆無の立場
C	×	○	集団的自衛権の行使容認そのものには賛成だが、そのためには改憲すべきとする立場
D	×	×	政府の立場を全否定

コミットメントとアメリカのアジアへの関与継続がバーターであるとの論議を組み立てました。それに対して、反対派は、本質論の次元に踏み込んでいくケースですと、中国包囲網をつくろうという考えそのものが間違っている、あるいは中国脅威論をある程度認めるにせよ、危機がさし迫っているわけでもないのに、対中包囲網にアメリカを参画させるために、中東で血を流さなくてはならない法律をつくるのは訳がわからない、と批判しました。このように、対立軸は二つあるので、四つの立場が設定可能です。図3－3のようになります。

手続き論・本質論をどうとらえるか

この二つの対立軸に関する私の見解を述べます。まず、一内閣の閣議決定によって実質的に憲法を変えてしまうような政治手法が、立憲主義の根幹を脅かすものだという手続き論における反対論に、私は同意します。

本来であれば、このような立法をするには、改憲が必要でした。そして、改憲するためには国民投票が必要です。国民投票にかければ、改憲したい側としては失敗する可能性もありますが、別に失敗しても、またやればいいのであって、日本にとってそこまで絶対に必要な法律であるのであれば、やがては国民に理解され、改憲にも成功するでしょう。

なぜ、こういう正攻法をとらなかったのか。そこに、「永続敗戦レジーム」の側の自信のなさが表れています。安全保障に関して、本当に国民に対して真剣にものを言えるか、あるいは聞いてもらえるか、それだけの自信がなかったのだろうと思います。

戦後の保守は、日本国民の安全保障問題に対する態度には忌避反応がある、という不満をこれまで幾度もこぼしてきました。しかし、これは自業自得と言うべきものです。それは、敗戦処理の問題、つまりは「敗戦の否認」の問題に関わっています。あれほど無責任な戦争をやっておいて、国民に対して何の総括も自主的にはしていない国の指導層に系譜的に連なる支配者が、安全保障について語ったところで、まったくリアリティーが欠けている。語る資格がないので忌避反応が起こるのです。今般のクーデター的な実質的改憲[*28]は、このジレンマを解くことを放棄し、無資格性に開き直る方針を鮮明にしたことを意味します。

対立軸の二つ目は本質論です。すでに述べたように、賛成派は、その根拠を対中問題に見出しています。中国の台頭が著しい今日、アジアの軍事的パワーバランスは動揺しており、米軍のプレゼンスによってのみ日本の平和を保てるのだ、と彼らは言います。この問題には、軽々には答えられません。中国の軍事費が増大しており、南沙諸島問題を中心に隣国との軋轢《あつれき》が生じていることは確かですが、だからと言って、中国が日本を侵略する準備を着々と進めているなどと判断するのは、妄想的です。軍事費の増大も、GDPの増大に比例したものであるという側面もあります。

この問題への見通しを得るためには、まず現在の日本の情勢下で対中脅威論がどのような機能を果たしているのかを、見る必要があるでしょう。

なぜ対中脅威論に頼るのか

「抑止力の強化」という言葉を、新安保法制の成立過程において安倍内閣は連発しました。*29 一体誰を「抑止」するのか。新安保法制賛成派が切り札としていた理屈を簡潔に表現すれば、次のようなものです。「明日にでも中国との戦争が始まりかねませんよ。すぐそこに敵が迫っている状態なのに、違憲だとかなんとかごちゃごちゃ言ってる場合じゃないですよ。いますぐ中国を抑え込まなければなりません」。

　これは、ナチスの高官、ヘルマン・ゲーリングの格言──国民を戦争に引きずり込むのは実に簡単だ、外国に攻撃されつつあると言えばよい[*30]──を応用したレトリックであり、危機感に訴えるために劇薬的に機能する理屈ですが、大きな問題があります。まず、そもそもそのような危機はいま本当に存在するのか。尖閣諸島をめぐっては、確かに緊迫した状況がありますが、そのことと戦争の脅威はまったく別問題です。

　では、なぜ権力側は、これほど対中脅威論に頼っているのでしょうか。これも「永続敗戦レジーム」の本質を考えていくと、理由が見えてきます。

　永続敗戦レジームを支えていた最重要の要素である冷戦構造のおかげで、日本は大変良い目を見ることができました。アメリカとの共通敵としてソ連があったため、日本とアメリカの潜在的な利害対立がなかなか顕在化しないで済みました。

　また、第一章で見たように、アメリカがもっと日本に何かやらせたい、あるいは何か要求を呑ませたいというときでも、日本はそれを断ることができた。それはソ連という存在を担保にしてのことです。社会主義イデオロギーを奉じるかなりの規模を持つ社会党という第二党が存在し、いざとなったら──時が流れるにつれてどんどん現実的な想定ではなくなってきましたが――日本は東側陣営に走るかもしれない、というふうにアメリカに想像させるだけの切り札があったからです。

特にアメリカは、戦後の初期においては、日本が親ソ国家になってしまうのではないかということを真剣に恐れていました。となると、アメリカとしては、日本に対して不満があっても、庇護しなければならないということになります。

しかし、以上は共通敵があってこその話です。冷戦構造がなくなったことで、共通敵は消えてしまいました。それでも、日本としては、居心地が良かった「あの頃」のことが忘れられません。そこで、現在の「居心地の悪さ」の原因は、共通敵がいないことだと考える。では、新たに共通敵をつくればいいんだということで、持ち出されるのが中国です。要するに、「危ない」中国を一緒に敵視しましょうよと、アメリカに誘いをかけているわけです。

例えば、日本の外交当局者が頻繁に使う言葉に「価値外交」[*31]というものがありますが、この言葉はそのような戦略の端的な表れです。この言葉の意味は、根本的な価値を共有する国同士だけが親密な信頼関係を築くことができる、ということです。これを裏返して言えば、価値を共有しない国は一緒に仲間外れにしましょう、ということでもある。つまりは、日本とアメリカは共通の価値を前提できるが、中国は違う。すなわち中国は日米の仲間ではない、と日本の当局者は暗にそう言いたいわけです。

では、その共通の価値とは何か。それは議会制民主主義であり、人権の尊重であり、報道の自由、そして法の支配である、と日本の外務省は言っている。これらの要素を、日本とアメリカは自由民主主義社会の基礎として尊重しているけれども、中国は異なる。だから俺たちの仲間には入れるわけにいかない、というわけです。要するに、「価値外交」は、中国を共通の敵として同定するためのレトリックとして使われているという面があります。こう考えていくと、結局、ポスト冷戦時代の日本がたどり着いた結論は何かというと、「ああ冷戦時代は良かったな、あの頃に戻りたいな」という話でしかありません。

ブレるアメリカ

さて、問題は、そのゲームにアメリカが乗ってくれるかどうかということですが、短期的に見た場合、その見込みは薄い。つまり、アメリカが日本と手を組んで、台頭する中国を封じ込めるために、究極的には戦争も辞さないという断固たる姿勢を取るといったことは、まず考えにくい。中長期的にはわからないとしか言いようがありません。というのは、九〇年代から中国が猛烈な経済成長を遂げ、力を蓄えてきた間、アメリカの側にも、中国との付き合い方について、姿勢のブレが生じてきたからです。あるときは「封じ込め論」に振れてみたり、逆に、それは無理だから台頭を容認するべきだという意見が主流になったりする。これは、中国の成長を積極的に受け入れて、むしろそれを成長の糧にしようという方向です。

将来どうなるかは、アメリカ内部での力関係、権力闘争のゆくえによって方向性が決まってきます。あくまで当面は、日本の外交当局者が唱える対中脅威論に、アメリカが乗ってくる気配はありません。南沙諸島あたりでの最近の米軍の軍事行動*32も、同盟国を安堵させるためのポーズ以上のものには見えません。

しかも、日本の側は、アメリカが誘いに乗ってくれさえすれば、われわれは再び「居心地が良くなる」と思っているわけですが、実はそれが一番怖いことにほかなりません。『永続敗戦論』にも書きましたが、仮にアメリカが中国の台頭を許すまじと、力でもって抑えにかかり、米中正面衝突となったらどうなるでしょうか。当然その場合、日本はアメリカの前線基地として機能することになりますから、究極的には、日本人はみな核戦争で死ぬことを覚悟しなければなりません。

対中脅威論のジレンマ

対中脅威論を煽《あお》ることは、日米双方の関係者にとって必然的な選択であると同時に、ジレンマに満ちたものであることも指摘しておかねばなりません。

どういうことかというと、対中脅威論を煽るのは日本の親米保守派ですが、わけがわからないまま喚《わめ》いている人たちは別として、大局が見えている人は、これは根拠薄弱であり、むしろこの話にアメリカが乗ってほしいという願望の表れにすぎないと知りつつ、これを流布していると言えます。彼らは、対米従属利権共同体の本丸で飯を食っている人たちであり、この共同体が潰れたらオマンマの食い上げですから、嘘でも何でも続けないわけにはいかないのです。

他方、親米保守派のカウンター・パートナーであるジャパン・ハンドラー[*33]と呼ばれるような、日本に対して影響力を持つアメリカの指導者層は何を考えているのか。この人たちは、対中脅威論が日本で煽られることを容認しています。どうしてかというと、対中脅威論が日本の中で盛り上がらないと、日本が脱米シフトしてしまう可能性があるからです。つまり、アメリカをナンバーワンのパートナーと仰いで無条件的に付き従うという方針にはもはや合理性がありませんから、いつ日本が方針を転換してもおかしくない。現に、東アジア共同体創設を唱えた鳩山政権でその可能性が表面化しました。脱米シフトを避けるためには、ジャパン・ハンドラーたちからすれば、日本の国内で対中脅威論が盛り上がってくれないと困る。

しかしながら、対中脅威論を煽り過ぎれば、本当に日本と中国の軍事衝突――特に尖閣諸島をめぐって――が起こりかねないということになる。もし尖閣諸島で日中軍事衝突が生じた場合、はたして米軍は出てくるか。みな気になるところでしょうが、出てこないでしょう。先にも見たように、条約の条文からして、何か事が生じたときに自動参戦する義務は米軍にはありません。だから、参戦しなくても別に条約違反ではないのです。

ところが、大半の日本人は、例えば尖閣で一朝事あらば米軍が出てくれるものと思い込んでいる。そのため、米軍が出動しなかったら、一体日米安保とは何のためにあるんだ、と世論は沸騰することになるでしょう。ゆえに、アメリカにとっては、そのような事態は絶対に起きてはならない。つまり、「在日米軍は日本を守るためのものである」という日米安保の建前の虚構性が露呈することを、何としても避けなければならないわけです。

だから、アメリカとしては、対中脅威論をある程度は煽ってほしくはあるけれども、それがリアルな戦争に結びつくことは阻止しなければならない。その際にアメリカは、最終的な手段として、日本の軍事行動を在日米軍によって抑え込むこともできるわけです。

日本の親米保守派は、一種の「仕事」として対中脅威論を煽らなければいけないわけですが、しかし、その結果、本当に軍事衝突が起きればいいのかというと、それを最終的に許さないのはほかならぬアメリカ様です。そして、そのことを一番よく知っているのは、アメリカ側と接触する機会が最も多い当の親米保守派のはずです。つまり、親米保守の人たちは、アメリカが絶対許さないと彼ら自身が一番よく知っている戦争の危機を煽るという、ジレンマに満ちた行動をとっていると言えるわけです。

また、日本が「対中脅威なんて大して差し迫っていない」ということになってしまうと、アメリカとしては他にも困ってしまう面がある。それは、武器が売れなくなることです。彼らは、対中脅威論を背景としてF-35戦闘機やオスプレイなどを日本に買わせたい。だからアメリカ側はこの面でも、自身がその発生を阻止しなければならない戦争のための武器を売るというような、これまたジレンマに満ちた状態にあるわけです。

安保体制が守っているもの

以上のような中国脅威論を重大な構成要素として取り込みつつ、冷戦崩壊から今日に至るまでの日米安保体制は、ひたすらその強化が訴え続けられてきました。深刻に危惧されるのは、これだけ中国脅威論を煽ってしまうと、後はもう退くに退けなくなることです。いま見たように、日米双方ともジレンマを抱えながら、しかし現状を維持するために中国脅威論を利用してきました。

どれほど中国脅威論が煽られようとも、経済的および人的交流が日中間で深化した現在、対中戦争などありえない、と高をくくって観察している人々もいます。しかし、私はそれは希望的観測であり危険だと考えます。国際間の交流と経済的相互依存が進めば進むほど戦争は不可能になる、という一見説得力のあるイギリスの経済学者ノーマン・エンジェルの理論が、第一次世界大戦の勃発という現実によって手酷く論破された歴史を忘れるべきではありません。[*34]

経済合理性の観点からすれば戦争などできるはずがないときでも戦争は起こりうる。要するに、戦争の発生は、通常の経済合理性とは別のロジックを持っているのです。また、第二次世界大戦において、日本は指導者たちが対米戦などやってはならないとみな腹の底では思っていたにもかかわらず、それをやらざるをえなくなった、という過去もわれわれは持っています。

以上の考察から、現代における日米安保体制が、駐留米軍が、何を守っているのか、はっきり見えてきたと思います。要するにそれは、「永続敗戦レジーム」を守っているのです。より具体的には、その核心部をなす対米従属利権共同体を守っているのです。無論、この共同体と国民全体の利益は合致しません。ですから、あたかも対米従属体制が国民全体の利害と一致するかのような外観を演出しなければならない。そのために、これほどのジレンマを抱えてまで対中脅威論を盛り上げなければならないのです。

永続敗戦レジーム中核部から見れば、世界最強軍団を自分たちの用心棒あるいは「番犬」として雇っているということになります。だからこそ彼らは、米軍基地の整理縮小について本質的にやる気がないのです。反対に、用心棒は多ければ多いほど安心だ——それが彼らの本音であるでしょう。とはいうものの、この「番犬」は、「主人」よりも当然強力なので、吠えかかられれば「主人」の方が手も足も出ないのは、見やすい道理です。ゆえに、どちらが本当の主人なのか、言うまでもありません。

3　ポスト安保体制

小沢一郎・鳩山由紀夫の構想

では、冷戦時代と比べて、日米安保体制および在日米軍基地の日本にとっての意味が変質した状況で、日本には、どのような別の選択肢がありうるのでしょうか。「永続敗戦レジーム」からの脱却を志向するには、日米安保体制の見直しは避けて通れません。実際二〇〇九年に、小沢一郎氏が、「常時駐留なき安保」論を口にして、波紋を投げ掛けたことがありました。それ以前に、鳩山由紀夫氏も、同様の持論を表明していました。これらは要するに、ゆくゆくは在日米軍基地をなくしてゆく、という考え方です。

このような方向性を提起した瞬間に、この国ではほとんどヒステリックな拒絶が自動的に引き起こされます。「ありえない」「バカバカしい」といった反応です。しかし、このような反応が当然のこととなっていること自体が、きわめて異様であることが認識されなければなりません。

そもそも、ある国家が自らの存続のために、外国の軍隊の駐留を絶対不可欠の条件とし

図3-4　各国の米軍基地面積・駐留軍人数

国	基地面積(エーカー)		米軍人数	
	2005年	2015年	1990年	2010年
日本	135,421	126,146	46,593	35,329
ドイツ	165,926	134,050	227,586	54,531
韓国	59,976	24,230	41,344	24,655
イタリア	3,199	3,057	14,204	9,779

出典:前田哲男他編『〈沖縄〉基地問題を知る事典』(吉川弘文館、2013年)。
Department of Defense, *Base Structure Report Fiscal Year Baseline* (2005,2015).

て前提しているなどというケースが、地球上にどれほどあるでしょうか。外国の軍隊の駐留抜きに存続している国家の方が多いことは、言うまでもありません。戦後日本のように、戦時ないし準戦時にあるわけでもないのに外国の軍隊が大規模かつ恒常的に駐留している状況こそ、例外的で異常なものにほかなりません(図3-4)。

しかし、このような問題を提起すると、今度は、「それならお前は重武装せよというのか、それとも完全非武装で行けと言うのか」という極端な選択が突きつけられるのが、この国の床屋政談的安全保障談義の通則です。

なぜ、このような問いが発せられるのか、日米安保体制の本質についてのこれまでの検討から明らかだと思います。このような、議論を封殺しようとする物言いをもたらす動機は、「日米安保体制堅持、米軍の駐留継続以外に、我が国が採るべき方針はない」というテーゼを、すべての前提に置き、また結論としたいがためです。こうした物言いをする人間の思考回路において、日米安保体制は「天壌無窮《てんじょうむきゅう》」(＝国体)なので、それに異を唱えること、いや別の可能性を考えてみることさえも、犯罪的なのです。

鳩山氏や小沢氏の構想は、急進的なものでもなければ極端なものでもありませんでした。すなわち、ゆくゆくはアジア全体で戦争の発生を防止する集団的安全保障のメカニズムを構築するべきであるが、現状では朝鮮半島の緊張や台湾海峡の緊張が解消されていないので、即座に米軍のプレゼンスをアジアからなくすというわけにもいかない。ゆえに、過渡的状況において日米安保体制は維持されるけれども、巨大な米軍基地があることを自明の前提とするような異様な状態は速やかに見直されるべきだ、という考え方でした。そして、このような考え方を持っていたからこそ、民主党の政権獲得前後の時期に、この二人は永続敗戦レジームからまさに狙い撃ちにされました。

こうした構想が提起された当時と今現在での情勢の主な変化を挙げるならば、朝鮮半島での緊張の一層の激化と、南沙諸島問題をはじめとする中国と周辺国との軋轢の発生があります。ですが、それでもなお、鳩山氏や小沢氏の提示した方向性は、的確であると私は考えます。なぜなら、アジア諸国のあいだでの信頼感の醸成に基づく集団的安全保障体制の確立へと向かうことができないならば、中国脅威論の方向へと突き進まざるをえなくなるからです。それがいかにジレンマに満ちた危険なものであるかは、先に見た通りです。

したがって、困難であっても、日本は世界最強の軍隊を用心棒として雇った国としてではなく、「瓶の蓋」に抑えられた危険な国としてでもなく、自立した存在としてアジア諸国に対峙する姿を見せることで、アジア地域の将来を共に構築するパートナーであることを周囲から認めてもらわなければなりません。言うまでもなく、「敗戦の否認」を煮詰めたような現在の政権の政治姿勢は、このような方向性に逆行するものです。

マハティールと廣松渉

本来進むべき道に向かうチャンスはありました。しかし、日本はその機会を自ら潰してきたのです。その結果、今日「永続敗戦レジーム」は、まさに腐臭を放つ存在としてこの国に覆い被さっています。

一九九〇年代、東南アジア諸国の経済成長が著しくなり、タイガーエコノミーと言われていた時期に、マレーシアのマハティール首相が、ASEAN（東南アジア諸国連合）に日本、中国、韓国を加え、EU（欧州連合）に匹敵するようなひとつの大きな経済圏をアジアにつくっていこうと提言したことがあります。そのとき、どこの国がリーダーシップを取るのか。マハティール氏は日本が取るべきだと言いました。

これは、日本人から見れば、ありがたい話です。当然、東南アジア諸国に対しては先の戦争についての負い目がありますから、日本をアジアのリーダーとして認めてくれることへ感謝しなければなりませんし、また、日本の戦後憲法以来の平和の誓いについても、いろいろと欺瞞的な部分はありながらも、一応はそれを守ってきたことが評価を受けたということです。日本国民は平和主義を内面化したという評価を、アジアの他の国のリーダーが下してくれたのです。

そういう意味で、日本にとっては誇らしく思えるような提案だったと思いますが、あろうことか、これを日本は断ります。断った最大の理由は、アメリカへの配慮です。アメリカのご機嫌を損ねずに、アジア連合のようなものをつくるのは不可能である、だからお受けする訳にはいかないということです。

ちょうど同じ時期に、廣松渉《ひろまつわたる》の「東亜共栄圏」発言が物議を醸しました。廣松渉は、マルクス主義の哲学者として、また左翼思想家として非常に高名な方でしたが、亡くなる直前に朝日新聞にある記事を寄稿します。*35 その中で、廣松は、「日中を軸とした東亜の新体制を！　それを前提にした世界の新秩序を！」と述べたのです。「東亜の新体制」という言葉遣いは、あの戦争のときに日本が掲げたスローガンを当然想起させます。みんなびっくり仰天しました。大東亜共栄圏を肯定するのは右翼であると相場が決まっていたからです。

しかしながら、今日振り返ってみると、大東亜共栄圏を思い起こさせる言葉遣いをしたことの問題はあるにせよ、その主旨は先見の明に満ちたものでした。欧米の力、特にアメリカのプレゼンスを排除し、あるいは完全排除はできなくとも相対化した形で、アジアの中で共同性を構築していかなければ日本に未来はないぞ、ということを廣松は言っていたのです。突飛に見えて、冷戦崩壊後の日本のあり方を見据えた、実は真っ当な呼びかけだったわけです。

大戦時に日本が掲げたアジアの共栄圏（欧米による支配からのアジア諸民族の解放）という考え方は、その目標と現実があまりにも乖離《かいり》していたことで、戦後まったく顧みられなくなりましたが、廣松は冷戦構造が崩壊した後にこそ、この考え方が重要であるということを主張したわけです。

九〇年代においては、廣松のこの提案がピンと来る人はまだまだ少なかったように思います。ピンと来るようになったのは、ようやく二〇〇〇年代に入ってからです。そして二〇一〇年代になると、それはさらにはっきりとしてきます。鳩山由紀夫氏も民主党の代表となったときに「東アジア共同体」という構想を掲げました。この頃になると、もはや国策の共有を前提とした日米関係はありえなくなってきており、日本は根本的に新たなレジームに移行しなければならないことを認識する人も多くなってきました。

それにしても、廣松のこの短い文章はいま読むとその含蓄を理解できます。「アメリカが、ドルのタレ流しと裏腹に世界のアブソーバー（需要吸収者）としての役を演じる時代は去りつつある。日本経済は軸足をアジアにかけざるをえない」という件《くだり》もあります。これは、次章で取り組みますが、リーマン・ショックによって表面化した世界資本主義の構造的矛盾を指摘するものでした。また、ここでいう「アメリカの役」とは、成長するアジア経済の富を金融的手段を通じてアメリカが吸い上げる構造を指すものにほかなりません。この構造を打破することがアジアの解放である、と廣松は喝破《かっぱ》していたわけです。

現実には、世界資本主義の構造的転換とそれへの対応と並行して、日本の対米従属からの脱却の道が閉ざされていきました。こうして、日本がアジアへの着地に一向に本腰を入れない姿勢を示し続けた結果、経済大国化した中国は、日本への不信感を拭えないまま、地域覇権国の地位の獲得へと進みつつあり、このことが警戒感を喚起して中国脅威論が燃え盛る、という悪循環に二〇〇〇年代以降のアジアは落ち込んでいます。この状態に何とかして終止符を打たねばなりません。

さて、この章では第二章に引き続き、対米従属の諸相、特に経済的従属から日米安保を中心とした軍事的従属の側面についてまで考察を加えてきました。当然、次に考えなくてはいけないのは、「永続敗戦レジーム」「特殊な対米従属」を乗り越えるポスト五五年体制をどのように構築するか、ということになります。

しかし、その前にもうひとつ課題があります。ポスト五五年体制を見極めるには、現状をすこし違う角度から考察する必要があります。そこで次の章では、八〇年代より世界を席巻した思想である新自由主義について触れたいと思います。新自由主義は、日米関係のみならず、現代社会のあらゆる領域に深い影響を与えています。この新自由主義の日本的文脈を、時に思想史をもふまえながら明らかにしていきます。そのうえで、「右傾化」「ポピュリズム」「反知性主義」など、現代日本社会の様々な論点をそこに位置づけてみます。

注

＊1　レーガノミクスの時代、双子の赤字を抱えたレーガン政権は赤字を埋めるために国債発行を急増、日本では生命保険会社など機関投資家が「争って購入し、また証券会社は熱心にそれを個人投資家にはめ込んだ。毎回の国債入札でジャパン・マネーは、たちまち全体の三〜四割を占めるまでに」なったという（吉川元忠『マネー敗戦』文春新書、一九九八年、四四頁）。八〇年代はじめから、「膨大なジャパン・マネーがアメリカに流入したが、急激な円高・ドル安で、それら日本のドル資産は四割も価値を失ってしまった」（同、七〇頁）。対米資産の大幅な下落は、以後「長期にわたるデフレ圧力となって日本経済を苦しめることになる」（同、七一頁）。

＊2　宮崎義一『ドルと円――世界経済の新しい構造』岩波新書、一九八八年。

＊3　「経済のグローバル化を推進した起動力は金融であった。金融が国境を越え、各国の国内銀行を打ち倒していった。日本で言えば、日本長期信用銀行や山一證券などがその被害を受けた典型である」（本山美彦『金融権力――グローバル経済とリスク・ビジネス』岩波新書、二〇〇八年、八頁）。日本では、それまで「大手企業向けの都市銀行、中小企業向けの相互銀行、信用金庫、信用組合」など、業態に応じて各種金融機関が金融当局の管理のもと「棲み分け」られており、それによって「アメリカではとうの昔に廃れた重厚長大型の基幹産業」が育っていた。だが、「そうした棲み分けが『護送船団方式』として批判され」、「金融機関の自由競争と総合化がアメリカによって強く要請された」。その結果、儲けが少ない業界な

どに対して投資を行なっていた長期信用金融機関は破綻、世の中の風潮も変わり、「モノ作りに携わるよりも、投機に傾斜する金融機関に勤務する人が『素敵な金融エリート』としてもてはやされるようになった。そして彼らの多くが大学の教授として迎えられ、マスコミの寵児となった」(同八－九頁)。

＊4 年次改革要望書は、ビル・クリントン政権、宮沢喜一首相時代の一九九三年に合意がなされ、一九九四年から始まった。二〇〇九年に鳩山由紀夫首相が廃止。

＊5 アメリカの日本に対する防衛義務については、日米安保条約第五条を参照。「各締約国は、日本国の施政の下にある領域における、いずれか一方に対する武力攻撃が、自国の平和及び安全を危うくするものであることを認め、自国の憲法上の規定及び手続に従って共通の危険に対処するように行動することを宣言する」

http://www.mofa.go.jp/mofaj/area/usa/hosho/jyoyaku.html

NATO加盟国の参戦規定については北大西洋条約第五条を参照。「締約国は、そのような武力攻撃が行われたときは、〔中略〕個別的又は集団的自衛権を行使して、北大西洋地域の安全を回復し及び維持するためにその必要と認める行動（兵力の使用を含む。）を個別的に及び他の締約国と共同して直ちに執る」

http://www.ioc.u-tokyo.ac.jp/~worldjpn/documents/texts/docs/19490404.T1J.html

＊6 前掲、日米安保条約第五条に「自国の憲法上の規定及び手続に従つて」とある。アメリカが武力行使の決定を行なう場合、予算・編成上の権利を有する連邦議会の承認が必要。

＊7　豊下楢彦『安保条約の成立――吉田外交と天皇外交』（岩波新書、一九九六年）、『昭和天皇・マッカーサー会見』（岩波現代文庫、二〇〇八年）などを参照。

＊8　豊下楢彦『安保条約の成立』四七頁。

＊9　外務省・宮内庁がこの時期の昭和天皇の言動に関する史料をほとんど公開しないことも、豊下氏の説の妥当性が高いことを物語っているように私には思われる。

＊10　豊下楢彦『昭和天皇・マッカーサー会見』ix頁。昭和天皇はサンフランシスコ講和条約前の一九五一年四月のマッカーサーとの会見でも、「天皇裁判を主張しているソ連と中共」について「共産主義思想の当然の結果でありましょう。日本の安定を破壊し国内治安を乱して革命へと持って行かんとするものでありましょう」と述べている（同前、二二〇頁）。

＊11　豊下氏は『昭和天皇・マッカーサー会見』で次のように述べている。「要するに、天皇にとって安保体制こそが戦後の『国体』として位置付けられたはずなのである」（二二八頁）。「永続敗戦」が「戦後の国体」となった瞬間である。昭和天皇の米軍に対する考えについては、＊13も参照していただきたい。

＊12　豊下楢彦『昭和天皇の戦後日本――〈憲法・安保体制〉にいたる道』岩波書店、二〇一五年。

＊13　「沖縄メッセージ」とは、一九四七年九月、宮内庁御用掛の寺崎英成が昭和天皇の戦後の沖縄の処遇について、連合国最高司令官顧問のウィリアム・シーボルトに伝えた文書である。一九七九年に筑波大学の進藤榮一氏によって明らかにされた。文書には、（1）アメリカによる琉球諸島の軍事占領の継続を望む、（2）占領は日本の主権を残したままで長期租借で

行なわれるべき、(3) その手続は、アメリカと日本の二国間条約によって行なわれるべき、という昭和天皇の意向が書かれている。文書には、アメリカによる沖縄占領は日米双方に利し、共産主義勢力の影響を懸念する日本国民の賛同も得られるという昭和天皇の考えも示されている。

http://www.archives.pref.okinawa.jp/collection/2008/03/post-21.html

進藤榮一「分割された領土」『世界』一九七九年四月号。

＊14 安倍首相は、二〇〇六年に出版した著書『美しい国へ』(文春新書) の中で、安保闘争について、祖父の岸信介は「片務的な条約を対等にちかい条約にして、まず独立国家の要件を満たそうとし」、それは「政治家として当時考えうるきわめて現実的な対応であった」、「間違っているのは、安保反対を叫ぶかれらのほうではないか」と述べている。また、当時六歳だった安倍氏が岸に「アンポって、なあに」と聞くと、岸は「安保条約というのは、日本をアメリカに守ってもらうための条約だ。なんでみんな反対するのかわからないよ」と答えたという (二三一二四頁)。

＊15 新安保条約について岸自身の見方については、原彬久編『岸信介証言録』(中公文庫、二〇一四年〔単行本、二〇〇三年、毎日新聞社〕) を参照していただきたい。「何といっても一番は、アメリカが本当に日本を守るという義務を負うてくれるのかどうかという問題ですよ」「旧安保条約では、アメリカは日本にいろいろな権利をもっていたけれども、日本を守るという義務は明記されていないんだ。新条約では、アメリカの日本防衛の義務を謳った」(三九八頁)。

*16 日米安全保障条約（旧）第一条。
「〔前略〕アメリカ合衆国の陸軍、空軍及び海軍を日本国内及びその附近に配備する権利を、日本国は、許与し、アメリカ合衆国は、これを受諾する。この軍隊は、極東における国際の平和と安全の維持に寄与し、並びに、一又は二以上の外部の国による教唆又は干渉によって引き起された日本国における大規模の内乱及び騒じようを鎮圧するため日本国政府の明示の要請に応じて与えられる援助を含めて、外部からの武力攻撃に対する日本国の安全に寄与するために使用することができる」。
http://www.ioc.u-tokyo.ac.jp/~worldjpn/documents/texts/docs/19510908.T2J.html

*17 安保改定の五年前の一九五五年、鳩山一郎内閣の重光葵外相はジョン・フォスター・ダレス米国務長官と会談、安保条約改定を提起したがダレスに拒否されている。岸はこのことを踏まえて回顧録で次のように語っている。「ダレスが木を鼻でくくるような無愛想な態度で重光君の提案を蹴ったわけです。したがって、安保条約の改定というものは是非やらなければならんという考えを持っていたんだが、アメリカを説得して対等の条約に改定するということは容易ならぬものであった」（原彬久編『岸信介証言録』一七〇頁）。

*18 「いわば占領は形式的には終わったが、実質的にはその残滓《ざんし》というか残った澱《おり》みたいなものが日本人の頭にあるんです。私はこう思ったんです。友好親善の日米関係を築くためには、いまいったような占領時代の滓《かす》みたいなものが両国間には残っていてはいかん。これを一切なくして日米を対等の地位に置く必要がある、ということです」（原彬久編『岸信介証言録』

一六九頁)。

*19 周恩来は「アジアを支配するためにあなた方の極東における前衛として使えるように日本を強化するのがあなた方の目的」ではないかと非難し、「このことを議論しないで、どうして対等に生きていくことができるでしょうか」とキッシンジャーに語った(毛里和子・増田弘監訳『周恩来　キッシンジャー機密会談録』岩波書店、二〇〇四年、三四頁)。

*20 同前、三八-三九頁。

*21 同前、一九八頁。

*22 一九八三年一月一八日のワシントン・ポスト紙のインタビューで中曽根氏は「大きな船」という表現をしたが、日本側の通訳がそれをunsinkable aircraft carrierと誤訳し、それが「不沈空母」となって伝えられた。だが、中曽根氏もそれに対して「訂正する必要はない」と答えたという(ドン・オーバードーファー「最悪のシナリオ、中国の暴落——ナカソネは『不沈空母』とは言わなかった」『THIS IS 読売』一九九三年八月号)。

*23 佐藤優『国家の罠——外務省のラスプーチンと呼ばれて』新潮社、二〇〇五年、五六-五八頁。佐藤氏によれば、「親米主義」とは、冷戦後もこれまで以上にアメリカとの同盟関係を強化しようという考え方、「アジア主義」は日本がアジア国家であることを改めて見直して中国と安定した関係を構築しようという考え方、「地政学主義」とは、冷戦後のアジアを日本・アメリカ・中国・ロシアのパワーゲームの時代と見なして最も距離のある日本とロシアの関係を近づけようという考え方。なお、外務省内で地政学を重視する立場の人間は特定の

イデオロギーに立つ外交を否定する傾向が強いため、佐藤氏は「地政学主義」ではなく「地政学論」という用語を同書では使用している。

*24 佐藤優『国家の罠』一一八－一一九頁。

*25 日米安保条約第六条を指す。「日本国の安全に寄与し、並びに極東における国際の平和及び安全の維持に寄与するため、アメリカ合衆国は、その陸軍、空軍及び海軍が日本国において施設及び区域を使用することを許される。前記の施設及び区域の使用並びに日本国における合衆国軍隊の地位は、千九百五十二年二月二十八日に東京で署名された日本国とアメリカ合衆国との間の安全保障条約第三条に基く行政協定（改正を含む。）に代わる別個の協定及び合意される他の取極により規律される」

http://www.mofa.go.jp/mofaj/area/usa/hosho/jyoyaku.html

*26 イラクのクウェート侵攻によって一九九一年に起こった湾岸戦争において、日本は多国籍軍に自衛隊を派遣せず一三〇億ドルもの資金を拠出したが、「小切手外交」であるとの批判を国際社会から浴びた。これが「トラウマ」となった政府は、湾岸戦争終了後の一九九一年四月、ペルシャ湾の機雷除去のため掃海艇派遣を行なう決断をする。しかし、このいわゆる「湾岸戦争のトラウマ」と呼ばれる一連の出来事に対しては、近年批判的な検証が行なわれつつある。すなわち、「カネだけ出して血も汗も流さない」姿勢が当事国のクウェートならびに国際社会から強い批判を呼び起こした、というストーリーは実態に即しておらず、自衛隊の活動範囲を広げることを目的とした、政治家や官僚による印象操

作の産物ではないのか、という批判である（『東京新聞』二〇一五年九月一〇日）。

＊27　いわゆる「テロ特措法」（二〇〇一年一一月二日成立。正式名「平成十三年九月十一日のアメリカ合衆国において発生したテロリストによる攻撃等に対応して行われる国際連合憲章の目的達成のための諸外国の活動に対して我が国が実施する措置及び関連する国際連合決議等に基づく人道的措置に関する特別措置法」）と「イラク特措法」（二〇〇三年七月二六日成立。正式名「イラクにおける人道復興支援活動及び安全確保支援活動の実施に関する特別措置法」）。

http://www.cas.go.jp/jp/hourei/houritu/tero_h.html

http://www.kantei.go.jp/jp/houan/2003/iraq/030613iraq.html

＊28　東京大学法学部の石川健治教授は今回の安保法制について、国民を無視した形で法秩序の連続性を破壊したという意味で、法学的には「クーデター」と呼べるものであると指摘している（「あれは安倍政権によるクーデターだった」マル激トーク・オン・ディマンド第七四五回、二〇一五年七月一八日）。http://www.videonews.com/marugeki-talk/745/

＊29　「万全の備えをすること自体が日本に戦争を仕掛けようとする企みをくじく大きな力を持っている。これが抑止力です」「あらゆる事態に対処できるからこそ、そして、対処できる法整備によってこそ抑止力が高まり、紛争が回避され、我が国が戦争に巻き込まれることがなくなる」「（日米安保条約によって）日本の抑止力が高まり、アジア太平洋地域においてアメリカのプレゼンスによって、今、平和がより確固たるものになるというのは、日本人の常識に

なっている」（平成二六年七月一日　安倍内閣総理大臣記者会見」、「平成二六年五月一五日安倍内閣総理大臣記者会見」）。
http://www.kantei.go.jp/jp/96_abe/statement/2014/0701kaiken.html
http://www.kantei.go.jp/jp/96_abe/statement/2014/0515kaiken.html

＊30 「国民は常に指導者たちの意のままになるものだ。簡単なことだ。自分達が外国から攻撃されていると説明するだけでいい。そして、平和主義者については、彼らは愛国心がなく国家を危険に晒す人々だと公然と非難すればいいだけのことだ。この方法はどの国でも同じように通用するものだ」（G.M.Gilbert, *Nuremberg Diary*, Da Capo Press, 1995. 鈴木智氏の訳を参照）。http://blogos.com/article/92539/

＊31 安倍晋三首相による「価値外交」の顕著な例としては、東南アジア諸国歴訪中の二〇一三年一月一八日に文書で発表した、ASEAN外交五原則いわゆる「安倍ドクトリン」がある。（1）人類の普遍的価値である思想・表現・言論の自由、（2）海洋における法とルールの支配、（3）自由でオープンで結び合った経済関係、（4）文化的なつながりの一層の充実、（5）未来を担う世代の交流促進の五原則からなり、中国の海洋進出に対して東南アジア諸国との関係強化を目的とした内容（「開かれた、海の恵み――日本外交の新たな五原則」）。
http://www.mofa.go.jp/mofaj/press/enzetsu/25/abe_0118j.html

＊32 二〇一五年一〇月二六日、アメリカ海軍の駆逐艦は、中国が埋め立てた南沙諸島の人工島から一二カイリ（約二二キロ）内に進入し、いわゆる「航行の自由」作戦を実施した（「米駆

逐艦、人工島12カイリに　対中国『航行は自由』」『朝日新聞』二〇一五年一〇月二七日）。

＊33　アメリカの日本の専門家は一般には「知日派」と言われるが、「ジャパン・ハンドラー（日本を操る人）」とも呼ばれ、これまで軍事・経済・商業・法律などあらゆる分野における要求を繰り返してきた。現在の代表的な人物としては、リチャード・アーミテージ、ジョセフ・ナイ、マイケル・グリーン、カート・キャンベルなど。

＊34　第一次大戦勃発直前、ノーマン・エンジェルは著書『大いなる幻想』（一九〇九）の中で、国家間の経済依存と労働のグローバルな分業が進んだ状況で大国同士が戦争を行なうのは、経済的なマイナスという点で不合理であり、戦争のプラスとマイナスが理解できれば、戦争はなくなるだろうと論じた。

＊35　「東北アジアが歴史の主役に——日中を軸に『東亜』の新体制を」『朝日新聞』一九九四年三月一六日夕刊（『廣松渉著作集』第一四巻に収載）。

第四章　新自由主義の日本的文脈

新自由主義の席巻

ここまでは「戦後日本」に焦点を絞って考察をしてきましたが、本章では、われわれの検討してみた変化や出来事が、どのような世界的文脈において発生したのかを、考えようと思います。特に冷戦構造が崩壊した後、世界はどのような構造的転換を迎えているのかを考えるということです。

現代社会を語るキーワードとして、「右傾化」とか「反知性主義」といった言葉がクローズアップされていますが、問題は日本だけがそうなっているわけではないということです。これは世界的に見られる傾向です。その中で、日本的な特殊性や日本的な特徴がどこにあるのかということを押さえる必要があります。

では、日本で起きている現象の背景は何か。序章で堤清二さんの言葉を引いて説明したように、アメリカの帝国主義的暴力がいま再び日本に対して振り向けられていると言えるかもしれません。それは直接的に軍事的なものとは言えないかもしれませんが、しかし最終的には軍事力を担保とする力が振り向けられる。ところが、長年にわたって「暴力としてのアメリカ」を想定外とする体制がつくられてきたために、その事実が国民大衆には見えなくなってしまい、その不可視性を利用して自分たちの権力・利権を維持する連中が好き放題にやっている。「見えない」からそれに対する抵抗も起こらないという奇妙な状況が生じています。

アメリカの帝国主義的暴力と言いましたが、ではその帝国主義をドライブしているものは何かというと、より根源的な力がある。それは新自由主義経済です。いわゆる資本主義のグローバル化がアメリカ国家に対して、その帝国主義的な振舞いを強制するというわけです。グローバル資本主義の中核部をなしているのは、多国籍資本です。これはアメリカ国家とは分けて考えられなければならない問題です。多国籍資本がアメリカの帝国主義的膨張と等しく見えるのは、その本拠地がアメリカである場合が多いからであって、あくまで両者は別物です。

新自由主義は対外的には膨張するし、対内的にも収奪を強めていく性質を持っています。この傾向が、今日の日本において、経済のみならず、政治、社会、文化等の諸領域において具体的にどのような現象として見られるかについて、これから考察していきます。あらかじめ結論を先取りすれば、新自由主義の席巻は、「右傾化」「反知性主義」「ポピュリズム」「排外主義」などの発生に深く関係しています。

まずは、この問題の背景を考えるうえで、新自由主義という現象とは何かについて、思想史も参照しながら見ていきましょう。

1　新自由主義の思想史的考察

スミスと「自由な市場」

「新自由主義」について見ていく前に、まずは、「新」のついていない「自由主義」と呼ばれる思想・原理について説明します。自由主義がいつ頃から出てきたのかというと、基本的には一八世紀から一九世紀にかけて、イギリスで起きた産業革命と並行する形で本格的に出現しています。その代表的な思想家として、一八世紀の人であるアダム・スミスを挙げることができるでしょう。スミスは『国富論』[*1]の著者ですが、その基本的な主張は、経済の運動を市場に任せるべきであるということです。つまり自由市場を唱えたわけです。

スミスは、何でわざわざ「自由な市場」を言わなければならなかったのか。それは当時「自由な市場」が存在しなかったからです。スミスが直接的に対抗したのは重商主義の言説であり、より具体的には特権商人を批判しました。「特権」とは、言い換えれば「独占」

です。つまり、ある特定の商人たちが政治権力と結びつくことによって市場を独占し（＝新規参入を排除し）、巨大な利益をあげていた。そういう状態では物の値段が下がらず、生産量そのものも増えず、富の総量が増えていかないので人々の生活も向上しない。ゆえに、そのような特権を打ち払って、社会全体の生産力を向上させるべきだとスミスは考えました。

自由な市場の不在という状態が当時のイギリスに存在し、それに対してスミスは異を唱えた。しかし、別にこれはもちろんイギリスに限った話ではありません。前近代では、世界中で同じような状況がありました。

例えば、日本でいえば、東京の「銀座」の地名の由来は、江戸時代にそこに銀の座があったことです。「座」というのは、現代風にいえば、生産者の組合、生産者集団のことで、同業者組合のようなものです。銀製品を生産しようと思ったならば、これに入らないといけなかった。銀のような貴金属だけにそういう決まりがあったのではなく、日常生活に必要な細かい製品に至るまで、座を通した生産の統制が細かく行なわれていました。座に入らずに勝手に生産販売をする人間は、厳しい罰を受けたのです。

現代の目線で見ると、こういう習慣、決まりは、きわめて不条理に見えるかもしれません。しかしそれは、過剰生産に陥らないための工夫であり、生産の統制でした。みんなが好き勝手に商品を生産し始めたら値段が暴落してしまうからです。

生産力か包摂か

このような社会は明らかに生産力が低い。しかしその代わり、各人にある種の割り当てられた場所があります。要するに、前資本主義社会において何が優先されていたかということ、それは「包摂の原理」であったと言えます。一人ひとりに居場所を与えるということと生産力を向上させることと、どちらを優先するかという話です。どちらが優れているという話ではありません。近代になると、それが逆転しただけの話です。

ここでのポイントは、安定的に社会的包摂を行なう社会とは、同時に身分制社会である、ということです。各人の居場所はフラットではないし、基本的に移動可能性というものがない。移動可能性のない社会では、生産力を向上させようとしても困難です。工場を新たに建てても、みんなにそれぞれ割り当てられた居場所があるならば工場で働いてくれる人が見つからないわけですから。こうした状況に対してスミスは批判を加えました。これでは人々の生活は豊かにならない。富を増やして人々を豊かにするには、生産や流通に対する規制を取り払って自由化するべきである。このスミスの考え方が経済的自由主義の起こりです。

私はよく学生に「君たちはなんで就職活動をするの？」、「なんで就職活動なるものがそもそもできるの？」と聞くことがあります。大概の場合、学生は答えに詰まります。答えは、私たちには職業選択の自由があるからです。職業選択の自由がなければ、そもそも就職活動なんていうものは成立できません。そして、このような状態は人類史において比較的新しいものなのだということを私たちは知っておくべきです。かつては、鍛冶屋の息子は鍛冶屋になり、殿様の息子は殿様になり、殿様の娘はまた殿様のところに嫁ぐ。前近代社会においては、人が何者になるのかは、生まれながらにして基本的に決まっていた。

近代化あるいは資本主義化によって人々は身分から解放され、職業選択の自由も発生したわけです。だから就活中の学生に、私はよく「君はいままさに職業選択の自由という素晴らしい自由を謳歌しているのだ」と言うのですが、大概の若者は浮かない顔をします。おおよそとても自由を享受している気がしないし、それがなぜなのかわからないと。実は、ここにこそ現代資本主義の最大の問題があるのです。

身分制からの解放は、生産力の爆発的向上と不可分に結び付いて物質的な豊かさを人類にもたらしました。しかし、現在生じているのは、生産力の向上を至上命題にする社会の病理です。それはエコロジー危機の問題や過剰生産による経済危機の問題だけではありません。今日、さらなる技術革新が進む中であらためて浮上しているのは、生産性の向上に寄与しないと判定された人は、社会によって包摂されなくなるということ、そしてそのことがもたらすプレッシャーによって人々が追い込まれている、という問題です。

経済的自由主義と政治的自由主義

本題に戻りますが、スミスは以上のような論理で経済的自由主義を唱え、「経済学の父」の呼び名を得ました。これに前後して、政治的自由主義という考えも生まれてきます。代表的な人物としては、ジョン・ロック、ジョン・スチュアート・ミルなどが挙げられます。政治的自由主義の要点は、社会全体をまとめあげる統一の価値観というものを退けるということです。

これは、「国家の世俗化」の必然的な帰結です。国家権力が宗教的権威と不可分に結び付いていた時代においては、自分たちの価値観が正しいとそれぞれが主張し、それを証明するまで徹底的に戦うということがしばしば起こります。これは、究極的には相手方を滅ぼし尽くさない限り戦争が終わらないわけで、途轍もない悲惨がもたらされます。その典型はプロテスタントとカトリックの戦いですが、これがヨーロッパ各地であまりに凄惨な形で行なわれたために、国家と宗教を切り離し、国家を宗教的に中立化させようという傾向が出現しました。政教分離を経た国家は価値観において中立なわけですから、人々の内面には踏み込まないということです。例えば、この人は信心深いから一級市民、この人は信心が足りなそうだから二級市民、あるいはこの人はみんなと違う神を信じているから市民扱いしない、といったような差別はしないという原則が徐々に広まっていきました。

そこから同時に、市民相互の関係も調整されていきます。つまり他者の価値観、他者の考え、さらに他者の行為についても、それらがいかに不快に感じられたとしても、他人に害を及ぼさない範囲においては認めなければならない。この考え方は、「愚行権」とも呼ばれます。個人ないし集団は、他者に対して危害を及ぼさない限りにおいて、他人から見てどれほど馬鹿らしく思われることでも、それを行なうことを妨《さまた》げられない（＝自由だ）権利を持つ、ということです。

一七世紀から一九世紀にかけて出てきたこういった考え方は、経済思想と政治思想をひっくるめて、古典的自由主義と呼ばれます。ここから、自由市場と資本主義が発達し、個人の自由の尊重、法治主義、議会制民主主義などが発展していくことになります。

しかしながら、一九世紀に目覚ましい形で資本主義が発達していくと、それと並行して、貧富の格差もものすごい勢いで拡大していきました。社会的に包摂されない人たちが大量に出てくる。すなわち、都市における貧民、失業者に代表される形の貧民が、群れをなして登場してきた。そこで、この問題を解決しなければならない、そのためには資本主義を乗り越えなければならないという思想が生まれてきます。それが社会主義です。

資本主義の自己変革

古典的自由主義からは、経済は自由放任であるべきという考え方のみならず、社会ダーウィニズムというイデオロギーも出てきます。社会ダーウィニズムとは、要するにチャールズ・ダーウィンの進化論を社会に当てはめる考え方です。自然淘汰説、つまり環境への適応能力が高いものだけが進化を遂げて生き残っていくという理論を応用し、適応できない個体が淘汰される（社会から包摂されなくなる）のは必然であるという結論に至ります。

資本主義が飛躍的に発展するにつれて、このように、社会思想までもが、包摂や共生といった人間社会の基礎原理と敵対するようになると、それへの批判として資本主義を真っ向から否定する政治的潮流、すなわち社会主義・共産主義が広範な支持を集めるようになってきます。社会主義は二〇世紀に入ると、ソヴィエト連邦の誕生によって政治的に具体的な形を取ることになります。

ソ連邦の成立と大国化は、自由主義を奉ずる資本主義体制の国家に対しても甚大な影響を及ぼしました。つまり、完全な平等の実現を標榜する巨大な社会主義圏の出現によって、資本主義体制の側も、階級格差の解消や福祉の充実といった課題に取り組まざるをえなくなったのです。それをしなければ、自分たちの体制の方が優れていると主張できなくなる状況が出現した。

こうして、自由な市場にすべてを委ねることが最善であるという考えが修正されていきます。その代表的な考え方が、例えば二〇世紀後半に現れる、アメリカの政治哲学者ジョン・ロールズに代表されるところの「リベラリズム」です。

「リベラリズム」を日本語に直訳すると、「自由主義」になります。ここで用語の混乱が起こりますので、整理しておきましょう。

古典的自由主義を修正しようという動きが、社会主義を生んだと言いました。その流れを受けて、ヨーロッパでは二〇世紀に入ると、社会民主主義、ソーシャル・デモクラシーが確立されていきます。これは、国家がすべての経済活動をコントロールする、ソ連のような方法とは違う形で、社会主義を実現しようという考え方です。しかしアメリカでは、「ソーシャル」という言葉が入ると、すぐにソーシャリズム（＝社会主義）、さらにはソ連の共産主義が連想されてしまうため、この言葉は忌避《きひ》される傾向がありました。実際のところ、ロールズの理論の現実政治的な含意は、ヨーロッパの社会民主主義的なものです。つまり、自由市場をベースにするけれども、しかしながら再分配も重視しなければいけないという思想です。しかし、アメリカの文脈では、「ソーシャル」を避けて「これが本当の自由主義（＝リベラリズム）なのだ」と説明するしかなかったというわけです。

このようにしてロールズは公正、正義（justice）という視点から、自由主義を再定義しようとしました。[*2] こういったロールズ的リベラリズムあるいは西ヨーロッパの社会民主主義は、修正資本主義とも言えます。

ケインズ主義とその落日

ただし、修正資本主義の主張は、社会民主主義やロールズ的リベラリズムによって始まったわけではありません。すでに戦間期に、経済学の領域でケインズ思想という形をとってそれは出現していました。ジョン・メイナード・ケインズは、一九二九年に始まる大恐慌の原因を自由放任経済の誤りに求め、簡単に言えば、人間の理性によって資本主義経済システムをコントロールする方法を模索しました。具体的には、国家が積極的にマクロ経済政策（財政政策と金融政策）を実施することを通して、資本主義経済が定期的に直面する恐慌を乗り越えるべきだ、と考えたわけです。この考え方は、第二次世界大戦後の世界で、自由主義陣営諸国の共通認識となり、ケインズ主義は黄金時代を迎えるわけです。

しかし、古典的自由主義を乗り越えようとするこれらの思想は、一九七〇年代以降に失速してきます。その原因についてはいまも議論が続いていますが、見やすいところではオイルショックを契機とした経済成長の全般的な鈍化があります。日本の場合は、当時まだ伸びしろがあったので、オイルショックで高成長が終わるものの、安定成長を続けました。七〇年代を経ても比較的高い成長を続けている数少ない先進国ということで、八〇年代には「ジャパン・アズ・ナンバーワン」などと持て囃《はや》されることになるわけです。しかし、後述するように、いまから見れば、その時すでに、日本は低成長の状態を脱出するためにバブルをつくるというパターンに、他国に先駆けて突入していた、と考えられます。

日本を例外として、七〇年代以降先進諸国はおしなべて低成長に苦しむようになりました。古典的自由主義の欠陥が露呈したときには、ケインズ主義的に国家が介入しそれを補完するという形で、資本主義は一九七〇年代まで展開してきました。しかしそれが行き詰まったとき、国家がカンフル剤（公共事業などの財政出動）を入れたり再分配をほどこすような修正資本主義の考え方を否定する潮流、すなわち、新自由主義、ネオリベラリズムが登場し、主流を形成するようになっていくわけです。

シカゴ学派とチリの軍事クーデター

新自由主義の席巻を象徴する事例として、その旗振り役だったフリードリヒ・ハイエクが一九七四年にノーベル経済学賞を受けたことが挙げられます。彼を有名にしたのは『隷従への道』という著書でした。[*3]

この本をハイエクが書いたのは、第二次世界大戦中でした。この中でハイエクは、ナチズムもソ連も、ケインズ主義を取り入れたニューディールのアメリカも、すべて同じようなものだという議論を展開します。要するに、国家・官僚主導型の経済は、すべて人々の自由を阻害するものであり、いわば人々を巨大なシステムに隷従させるものであると論じました。アメリカはナチスドイツに対して、「われわれは自由の騎士だ」と言って戦っているが、両者は同じ穴のムジナであると痛烈な批判を浴びせたわけです。ケインズ主義が常識となった戦後しばらくの間、ハイエクの考え方はほとんど相手にされませんでした。ところが七〇年代以降、彼の業績が脚光を浴びるようになっていきます。

ハイエクの弟子が、シカゴ大学で教授を務めたミルトン・フリードマンです。この人は、新自由主義経済の権化《ごんげ》と言われる人ですが、社会ダーウィニズムのようなことを主張しているかといえば、必ずしもそうとは言い切れません。フリードマンの本を読んでみると、弱者を切り捨ててしまえなどというような極端なことまでは言っていません。

しかし、フリードマンについては、テキストそのものよりも、彼を取り巻く政治的な実践のほうを重要な問題として取り上げなければなりません。どういうことかというと、フリードマンはシカゴ学派という経済学の流派をつくりましたが、ここが反ケインズ主義の牙城《がじょう》になっていくのです。シカゴ学派はＣＩＡなどとも微妙な関係を持っていましたが、その政治的実践の最も顕著な例が、一九七三年にチリで起こりました。

一九七三年、チリの軍人ピノチェトが軍事クーデターを起こし、アジェンデ政権を打倒しました。アジェンデ政権は民主的な手続きを経て成立した社会主義政権でしたが、アメリカはこれに対して恐怖感を露《あらわ》にします。中南米は自分たちの勢力圏であらねばならないという考えがアメリカには根強くあり、政治的干渉を続けてきましたが、チリで社会主義政権が誕生してしまった。アジェンデ政権が成立してから、アメリカはチリの主要生産物である銅の相場を人工的に暴落させたり、経済制裁的なことをやったりと、さんざん締め上げます。そして総仕上げとして、ピノチェトを使ってクーデターを起こさせた。民衆に支えられていた政権を暴力によって倒したわけですから、当然のごとく民衆の抗議運動が広がりましたが、それは残酷に弾圧されていきました。このクーデターだけでアジェンデ本人を含む何十万人という人が殺されていますが、そのバックにいたのはＣＩＡです。

こうしてピノチェトが大統領になり、軍事独裁政権が成立しましたが、その時に政権の経済部門の政策アドバイザーを務めたのが、フリードマンとその弟子たちだったのです。さらに言うと、このクーデターを実行する前から、アメリカはチリに対してアカデミックな機関を通じた工作も実行しています。アジェンデの社会主義的な経済運営を批判する勢力をチリの中につくっておきたいと考えたのです。

そのための方策として、チリ・カトリック大学の学生たちを好条件でシカゴ大学へ留学させて、そこでハイエク、フリードマン流の経済学を叩き込みます。つまり、国家による経済の管理なんてものは、端《はな》から完全に間違っているということを延々とチリの学生たちに吹き込んだわけです。政変の後、「シカゴ・ボーイズ」と呼ばれたその学生たちは母国へ帰って、アジェンデのやり方がいかに間違っていたかということを宣伝し、ピノチェト政権の新自由主義経済政策を立案実行する立場を得ます。以上は、ナオミ・クラインの『ショック・ドクトリン』という有名な本に詳しく記されています。[*4]

資本の障害を除去せよ！

新自由主義が先進国で本格的に展開し始めるのは、一九八〇年代に入ってからだとよく言われます。つまり、イギリスのサッチャー政権およびアメリカのレーガン政権の成立によってスタートしたとされますが、実はそれに先立って新自由主義の実験がチリで行なわれていたというのが大方の定説です。

そして、このチリの事例がきわめて鮮やかに示しているのは、新自由主義とは、単に民間企業の自由な活動余地を広げることで経済活動を活性化しよう、などといった穏やかな代物ではないということです。すなわちそれは、まさに暴力によって始まったわけです。新自由主義については、大きな政府から小さな政府への転換であって、経済に対する国家の不当な干渉を排除しようとするものだ、といった説明がされることが多い。しかしそれは一面的な見方であるということを、チリの事例が証明しています。

ここからわかるのは、新自由主義の本質とは、資本にとっての障害を力ずくで破壊し、資本が自由に制約なしに活動できる空間を拓くということです。その「力」というのは何でもいい。チリの例のように軍事的な力でもいいし、天然災害でも戦争でもいい。言ってみれば、それまで営まれていた生活圏、生産、流通、消費のエリアをぶち壊してくれるものだったら何でもいいわけです。

イラク戦争においても、このロジックは証明されました。アメリカはフセインを倒して新生イラクをつくろうとしましたが、「イラクに民主主義を」のスローガンの背後には、いかなる資本規制も存在しない国をつくるという目論見がありました。アメリカがそれを強制しているということになると体裁が悪いので、イラクの新政府が自発的にそのような法律を制定したという形をつくりましたが、もちろんそれは茶番にすぎません。

チリの事例に見られるような新自由主義は、八〇年代になってくると先進国でも本格的に導入されていきます。日本でも八〇年代に、やはり中曽根康弘政権がレーガンやサッチャーの新自由主義路線に追随したと評されます。しかし、アメリカやイギリスで生じたことに比べると、八〇年代の日本の新自由主義改革はまだ本格的なものではありませんでした。とはいえ、共通点も見出せます。それは、強力な労働組合の解体でした。強固に組織された労働者は、資本の動きに対する束縛として機能するからです。

新自由主義の特徴としては、公営事業の民営化、資本移動の自由化、福祉の削減、こういったことが共通点として挙げられます。さらには労働組合を筆頭とする再分配の削減に反対する勢力を潰していく。社会民主主義勢力を長年支えてきたのは労働組合ですから、それは同時に政治における社民主義勢力に対して打撃を与えることにもなるわけです。

この路線を実行するうえで中曽根首相は大きな仕事をしました。すなわち国鉄解体、分割民営化です。民営化の意図は何であったか。国鉄の累積赤字問題もありましたが、それ以上に国労という国鉄の労働組合を解体するということが非常に重要だった。

このように、先進国においては、八〇年代に資本が自由に運動する際に邪魔になるものを次々に取り払っていくための地ならしが行なわれました。

階級の身分化

右に見たような動きは、国家権力の根本的な変質をもたらしました。国家権力に本来求められるものとして、国民の安全があります。例えば、天然災害などが起きた場合、被害にあった人を全力を挙げて救出し、被害を最小化するということが国家に要求されている。ところが、これも新自由主義のレジームにおいては異なった様相を呈してきます。

このレジームは、災害を資本が自由に動き回る世界をつくるための絶好のチャンスとしてとらえるわけです。実際、アメリカにおけるハリケーン・カトリーナだったり、スマトラの大津波といった事例で、このことはすでに証明されています。[*5] こういった話を聞いて、われわれが何を思い浮かべるかといったら、東日本大震災でしょう。大震災、大津波を奇貨として、大資本が自由に動ける空間をつくろうという動きに対して、すでに批判が出てきています。[*6]

このような社会の動きは、「包摂から排除へ」と表現できます。生産力の盲目的な向上が志向され、それについて行けない、行かない人々は、居場所を失う。それは階級社会化、正確には再階級社会化をもたらします。

なぜ「再」をつけるのかというと、一九世紀的な資本主義社会がすでに身分制を解体したうえで成り立った階級社会だったからです。

先にも見た通り、前近代社会の人々の階層は身分によって分けられていましたが、それがいったん全部フラットになり、人はみな対等な人格を持つということになった。しかし、人がみな本当の意味で平等な状態であるかといったら、そんなことはありません。生産手段を持つ者と持たない者、ブルジョアとプロレタリアという形で分解がなされ、その格差がどんどん広がっていく。それが結局のところ世界戦争を引き起こしていきました。

戦前の日本が典型例です。なぜ日本は侵略戦争に走らざるを得なくなったのか。日本は世界恐慌の波をもろにかぶり、最下層階級であったところの、貧しい農村の小作人たちが生きていけない状況になった。彼らの怒りを後盾とする形で、血盟団事件や五・一五事件、二・二六事件も起こったわけです[*7]。しかし、結局は国内の社会改革によって問題を収拾することができず、海外侵略に活路を見出すことになりました。

二〇世紀のケインズ主義的、あるいはロールズ的な意味でのリベラリズムに基づいた修正資本主義がやったことは、この階級社会の解体です。それは再配分によって貧困を撲滅《ぼくめつ》することを目標としましたが、先進国に限って言えば、かなりの程度の成果を収め、極端な貧困は存在しなくなりました。しかし七〇年代から修正資本主義は行き詰まり、統治原理の転換が起こってきます。そうなると社会は再び階級社会化していく。現在の格差問題は、このようにして生じました。

「階級」という概念は近代的なものです。前近代においては、階級ではなく「身分」があった。身分が生まれながらにして決まっているものであるのに対し、階級は可変的で、原則的には階級間移動も可能です。しかし、『21世紀の資本』の著者トマ・ピケティが問題にしたように、現代は階級が固定的なものになってきており、実質的には身分に近づいてきているのです。[*8]

再階級社会化の結果、国家に何が生じるのでしょうか。まず、国民統合の破綻です。極端な格差が生じ、それが固定化していく状況では、トップの一%と残りの九九%の間で意識上の乖離が不可避的に生まれる。国籍こそ一緒であっても、実質的には同胞意識を感じないという状態になります。要するに「同胞が飢えていようが凍えていようがどうでもいい。そういうやつには努力が足りないんだろう、だから福祉なんか与える必要はない。怠け者に与えるカネは、われわれの税金から出るんだろう。いくら頑張って稼いだって税金で持って行かれるんじゃやる気が出ない」。これが、新自由主義化した社会の勝ち組の身も蓋もない理屈です。この理屈に基づいて、レーガンは富裕層への累進課税を大幅に引き下げたわけです。

2　日本的劣化——反知性主義・排外主義

新自由主義的反知性主義

再階級社会化が進むと、国民統合は危機に陥る。では、世界的に進行したこのような文脈において、日本ではどのようなことが起こったのか、具体的に見ていきましょう。

この章の冒頭で、キーワードとして右傾化と反知性主義を挙げました。新自由主義が展開していくと、なぜそうした現象が発生するのか。現在でも様々な見解が出ていますが、なかなか決定的なものは出てきません。

一つ考えられる解は、次のようなものです。国民統合が実質的には破綻していることに人々が気づくと大変まずいことになる。だからこそ、国家の側がナショナリズムのイデオロギーを利用して再統合を図ろうとします。このような社会においては、排外主義的な空気が濃厚になってきます。本当の敵に気づかせないようにするために、ナショナリズムを利用して、敵をでっち上げているわけです。しかし少し考えてみれば、目くらましにあっていることがすぐにわかるでしょう。このことに気づかせないためには、あけすけに言えば、みんなに〝バカ〟になってもらわないと困るということです。そこで、反知性主義の雰囲気が蔓延《まんえん》する。練り上げられた思考に基づいてなされた意見や見解をバカにしてもかまわない、もっと言えば、小難しい意見は端から間違っていると決めつける風潮です。

草の根保守の組織化

日本の右傾化に関して、ここで二冊の本を紹介します。一橋大学教授の中北浩爾氏の『自民党政治の変容』と上智大学教授の中野晃一氏の『右傾化する日本政治』です。

まず中北氏の説によりますと、九〇年代あたりからの急速な保守化は、まさに安倍晋三氏がアクティブに動いて作った部分があるとされます。実際、草の根保守を組織化したと、安倍氏自身が語っています。[*9] つまり、これまでも微妙に国粋主義的な人たちというのは、都会でも田舎でも、一定数存在していましたが、そういう人たちは、何となく疎外感を味わってきたわけです。日の丸や君が代が好きだと言ったりすれば、変わり者扱いされてしまうようなところもあった。

また、この層には「左翼的なもの」に対する拭《ぬぐ》いがたい違和があります。「日教組が偏向教育をやって歴史を歪曲《わいきょく》し、若い人たちの心を毒していった。マスコミも同罪だ」といったように。ここには、マスコミや言論界といったエリートの世界、つまり、学校エリートに対する反発、反知性主義的な要素も混ざっています。また、後ほど説明しますが、ヤンキー的なものとも親和性があります。こういう人たちの中にくすぶっている感情を、安倍氏は巧妙に組織化して、それに形を与えたというわけです。

中北氏は、もう一つ指摘しています。自民党は民主党に政権を取られて下野したために、民主党との相違点をできるだけ明確にしないと次の選挙での見通しは開けない、と考えた。そこで彼らが何をやったかというと、民主党政権は左翼の政権であり、それに対してわれわれは保守である、と唱えたのです。[*10] 何を保守しているのかということは、いまだにさっぱりわからないのですが。

ともかく民主党を左翼視して、それとの違いを際立たせるためには、いわゆる右翼的なアジェンダを次々並べなければいけないことになります。憲法のことから歴史認識まで、右翼的な課題を率先して取り上げ、それに惹かれた支持者が増えてくる。安倍氏の場合は、心底そういう考え方を持っているのでしょうが、ひとたび票がついてくると、組織としても、もうやめるにやめられなくなります。つまり右翼純化路線をとったために、より激しく右傾化することになっていく。以上が、右傾化に関する中北説ですが、確かに一理あると考えられるものです。

拉致問題というターニングポイント

政治状況的に見ると、世論が右傾斜するターニングポイントとなったのは、北朝鮮による拉致問題でした。これが表面化した当時、私は大学生でしたが、相当に驚きました。拉致の噂は以前からありましたが「まさか」という気持ちもありました。なぜなら、北朝鮮という国家にとって、あのような犯罪行為をあえてやることによるメリットがまったく見えないからです。

とにもかくにも、二〇〇二年に小泉純一郎首相が訪朝して交渉に入りました。北朝鮮側は拉致被害者は一三人いることを認めましたが、死亡したとされた被害者たちの死亡経緯も到底納得できるものではなく、また、まだ認めていない拉致被害者も確実にいると思われ、このことは日本国民に衝撃を与えました。北朝鮮は何てひどいことをするんだ、とんでもない国であるという世論が爆発します。

安倍晋三という政治家が二〇〇六年に首相の座を射止めた背景の一つには、この拉致問題があると私は考えます。逆に言えば、この件を通じて安倍さんが英雄視されたことによって、大きな禍根《かこん》が残されているとも言えます。

これは、実は五五年体制の時代とも深く関わってくる話です。つまり、それまでの政治家がだらしがなかった、ということです。被害者たちの家族は、自分の家族は拉致されたらしい、何とかしてください、といろいろな状況証拠から確信を抱いて政治家に働きかけていました。しかし、たいがいの政治家は、拉致問題があまりにも厄介な問題であるために、逃げたのです。自民党の主流派は適当にごまかそうとしましたし、社会党に至っては門前払いでした。なぜなら社会党と朝鮮労働党は友党関係にあったため、朝鮮労働党が支配する立派な国である北朝鮮がそんな非道なことをするわけがない、という論理です。当然、政治家に対する拉致被害者家族の不信感は強まりました。

その中で一番話を聞いてくれたのが、安倍さんに代表されるような自民党の右派系議員だった。こうして、一見したところ、安倍さん的な勢力はこの問題に対して誠実に立ち向かったんだ、という外観ができたわけです。しかし、それが本当に誠実な動機によるものであったのかが、ほかならぬ拉致被害者家族によって、その後問われていくことになります。

拉致被害者へのバッシング

拉致被害者家族が結成した「家族会」の幹部だった方に、蓮池透氏がいます。透さんは家族会の活動を続けるうちに、後述する理由から、現在は家族会や安倍氏に対する強烈な批判者の一人になっています。

彼自身、拉致をめぐって噴き出した右派的な雰囲気に一時期は感染して、「憲法九条が悪い。憲法九条のようなおかしな条文があって日本は手足を縛られた国だからああいう事件を起こされてしまったんだ、それを防ぐためには憲法を改正しなくてはいけないのだ」といった右派が言いそうなことを右派政治家と一緒になって主張していました。

しかし、あるときから彼は違和感を持つようになります。彼の弟・薫さんは北朝鮮から帰国して、そのまま日本に残ったわけですが、薫さんに対する日本社会の様々な扱いに直面したときに、何かがおかしいことに気づきました。二〇年以上ぶりに帰国して、生計を立てる手段のない薫さんの生活を守るために、国が支援法をつくります。一定期間、生活保護のような形で支給を受け、その後は地元の新潟県柏崎市職員として臨時の職を得ることになりました。これに対して、一部の世論が生活保護バッシングと同じロジックで、不満を噴出させ、すごい数の嫌がらせの手紙、電話、ＦＡＸ、メールが寄せられ、ひどい目に遭ったというのです。[*11]

透さんは、これまで多くの国民が家族会を応援してくれていたと思っていたのに、突然手のひらを返したように批判を始めた人がここまで多いことに驚きます。そして自分たちを応援してくれた国民の中には、拉致被害者の救済を心から願っていたのではなく、北朝鮮を攻撃することである種のカタルシスを得るために拉致問題というトピックに飛びついているにすぎなかった、自称「愛国者」がかなりの割合で存在していたのだ、ということに思い致ります。今日の右傾化には、まさにこうした自称「愛国者」たちの心理的メカニズムが動員されている、と私は思います。

旧右派から新右派へ

右傾化についてのもう一つの分析は、中野晃一氏によるものです。中野氏は、中北氏と比べて社会構造的な分析を重視しています。中野氏によれば、一九八〇年代以降、具体的には中曽根政権から、日本の保守政権の支持基盤は旧右派連合から新右派連合へとチェンジしたということになります。

旧右派連合とは何か。五五年体制下において、自民党は長期安定政権を保持し続けたわけですが、その柱は、開発主義と恩顧主義でした。開発主義によって、産業の近代化を進めて、生産力の向上と経済成長を実現させ、国民の生活が近代化していく。同時に、そうした果実に直接ありつけない人々、業種、地方に対しては、恩顧主義の原則に即して、補助金や公共事業を通した果実の分配を図る。つまり、利益誘導政治です。*12 第一章で、五五年体制下の自民党は、人々を「包摂」する社会民主主義的な政策をとっていたと指摘しましたが、それは具体的には、この利益誘導政治のことです。

本来、開発主義が進んでいくと生産力が上がっていきますが、その分、生産性が低い産業部門は淘汰されていきます。例えば、工業が高い生産性を達成する反面、農業の生産性が低いままだとすると（自然条件に左右される第一次産業は、工業に匹敵する生産性の向上を達成することは決してできません）、所得格差が出てくるわけです。これを放置すると農村は荒廃していくままになり、農村での支持基盤を失うことになる。そこで、都市の工業によって稼ぎ出された富を農村に分配する。いわば都市から農村への富の分配です。これは利益誘導を通じた包摂の政治であるとも言える。

利益誘導政治が国民統合に寄与し、安定した国家運営ができていた時代の自民党の支持基盤を、中野氏は「旧右派連合」と呼んでいるわけです。

た。

原発立地のカラクリ

しかし、結局、開発主義と恩顧主義による利益誘導政治には、深刻な病巣があった。三・一一の福島第一原発事故は、この重い事実を衝撃的な形であらためて突きつけました。

金をばらまいても、農村すなわち地方は過疎化していきます。そこで、地方への産業誘致の一環として、原発を持ち込んだわけです。それに対して、現地では当然反対する人たちもいました。それをどうやって受け入れてもらえるように地ならしをしていったかといえば、その地域に利害関係者を増やすことで、誰もがしがらみのために反対と言えない状況をつくることを国や電力会社が意図的に行なったわけです。この状況は、利益誘導政治に付き物の腐敗・汚職の構造と深く結びついて、地域や利益団体のボスが「カラスは白い」と言えば誰も「いや黒いです」とは言えないような、つまり空気の圧力によって正論を言えないような封建的社会構造を利用し、かつ温存させていきました。

多くの人によって指摘されたとおり、原発立地自治体は潤っていたと言われたものの、同時に多額の借金も抱えていました。なぜ、そんな借金まみれになったのか。そこにはカラクリがあります。電源三法によって、原発を受け入れると特別に入るお金がありますが、その使い方に国側があらかじめ規制をかけておくわけです。国から見て最悪のケースは、自治体が交付金で別の産業に投資して成功したとすると、税収は入るし、雇用も増えるので、原発はもう不要となってしまうことです。

これを避けるために、交付金の使い道を指定するわけです。例えば、体育館やらミュージアムやらの箱物を建てさせる。そんなものを造っても、人口は多くないので、維持費ばかりがかさんでたちまち赤字を垂れ流し始めます。制度の決まりに従って交付金の額が下げられ、気がつくと億単位の赤字が出てくる。あっという間に交付金を使い果たしてしまうばかりか、さらに赤字が累積していくことになる。そうなると、手っ取り早くお金を得る必要が生じ、「もう一基原発プラントを建ててくれ」ということになるわけです[*13]。こうして、福島第一原発だけで六基ものプラントが集中するようになったわけです。

なぜそんなことになるのかといえば、それは以上のカラクリによって、借金漬けになるような仕組みとなっているからです。要するに、絶対に地方を自立させずに、中央に依存させるシステムだということです。そして、こんな構造に異を唱える正論をボス支配の構造によって封殺してきました。

新右派連合の内実

では、中野氏の言う新右派連合というのは何なのか。[14] その柱は新自由主義と国家主義です。まず、経済成長が止まって配るカネがなくなったので、貧しい人々や地方への再分配はもう行ないません。すなわち、グローバルエリートのグローバルエリートによるグローバルエリートのための政治を推進することで、これまでの包摂路線を放棄するということです。これによって生ずる痛みを観念的に解消するのが国家主義です。「従軍慰安婦問題なんて朝日新聞の捏造《ねつぞう》だ！」と叫んでみたり、戦後憲法を勇ましい憲法に変えてみたりしたところでお腹の足しにはなりませんが、お金はさほどかからずに、一部の人々を大いに満足させることができるわけです。

中野氏の分析には強い説得力があると思いますが、問題は、なぜこんなものに多くの人々が騙され続けているのかということです。中野氏の言う新右派連合は、「永続敗戦レジーム」が今日依拠する基盤となっています。このレジームは「あなた方を切り捨てる」とほとんど公然と宣言しているのに、いまだにこれにすがって生きようとする人たちがいる。それは、おそらく長年人を自立させないシステムの中を生きてきたことで、人々が依存心の塊になっているからかもしれません。誰かがなんとかしてくれるんじゃないか、助けてくれるはずだ、というわけです。

しかし、そんな希望はもはや絶対に成り立ちません。今日、永続敗戦レジームを支えている政治家たちには、できるだけ多くの人たちがどうにかして生きていける国にしなければならないという倫理観は、ありません。二〇一二年の衆議院総選挙のとき、自民党は「ウソつかない。TPP断固反対。ブレない。」というポスターを大量に貼り出したうえで、翌年三月にはTPP交渉に嬉々として入っていきました。党内でこれに歯向かう政治家もいない。原理は単純です。要するに、TPPによって生活基盤を破壊される人間が出てきたとしてももう関知しない、自分たちの権力を保てればいい。ただそれだけです。

第一章で見たように、五五年体制下における旧保守は、再分配を重視し、包摂の原理に基づく統治を行ないました。戦後日本版の包摂の政治の負の側面は、長年の保守支配の構造的問題として言われていた、例えば談合であり、汚職であり、そしてそれに関わるところのボス支配です。自民党を中心とする保守支配勢力は、日本社会に根強く残存する封建的なものをフル活用して、長年盤石《ばんじゃく》な基盤を築きました。こういった旧来型の保守支配は、多くの弊害はありながらも、唯一の良心、大原則があった。それは「きちんと包摂をする」ということです。

どういうことかと言えば、様々な談合や汚職も含む利権のネットワークを張り巡らせておいて、要はその中にちゃんと入っていて、おとなしくして言うことを聞いている人間には悪いようにはしない、ということです。できるだけ多くの人を食わせるようなシステムを、旧保守はつくってきたわけです。

これが、経済成長が止まったことによって立ちゆかなくなったのです。問題は、そのことを見抜けていない人々が多いことです。いま福島の人たちが、どのように切り捨てられつつあるかを見れば、現在の国家の原理がどういうものであるのか容易に理解できます。子どもの甲状腺がん発生の問題一つとっても、問題に正面から取り組む代わりに、問題の存在を認めず[*15]、それを指摘する人をあらゆる手段を使って沈黙させるか無力化させる。こういう権力が「助けてくれるはずだ」などと想像するのは、笑い話でしかありません。

不良少年たちの逆説的状況

右傾化について、中北氏と中野氏の説を簡単に見ました。どちらの説も示唆に富みますが、一つ重要な要素を考察に付け加えなければならないと思います。それは、「劣化」の問題です。

新自由主義は、単に政策や経済の問題ではありません。それは一つの文化的様式を持ち込むのであり、その社会に生きる人間の精神構造にも大きな影響を及ぼします。その結果が、反知性主義の跋扈《ばっこ》であり、社会の全般的劣化にほかなりません。

先ほど、中北氏が指摘した草の根保守の組織化について、ある種の反知性主義の要素があり、かつそれはヤンキー的なメンタリティーと親和性が高いと述べました。実は、ヤンキーというのはなかなか重要な問題なので、これについても見てみましょう。

ポール・ウィリスというイギリス人の社会学者が書いた『ハマータウンの野郎ども』[*16]という古典的名著があります。原題は、ラーニング・トゥ・レイバー（Learning to Labour）で、労働者階級に生まれた子どもたちがどのようにして肉体労働に就くことになるのか、を分析するという内容です。

日本と同じように、イギリスにも不良少年がいる。不良少年は学校での成績が悪く、同時にいわば学校的なるものへの敵意と嫌悪を露にします。教師には反抗し、優等生をバカにする。彼らは学校での点取り競争から自発的に降りてしまい、学校的なるもの全部に抵抗するわけです。ところが、その抵抗が社会への抵抗になっているのかというと、実はなっていないという逆説をウィリスは指摘しています。まさに、学校の秩序から脱落することによって学歴がつかず、彼らはやはり親と同じような肉体労働者となって、大卒者が誰も引き受けたがらないような労働に従事することとなる。そのようにして、階級が固定化されていくわけです。

この不良少年たちは、明らかに独自の「カルチャー」を持っています。それは、何が格好良くて、何がダサいものなのかについての独自の基準です。それは、一種のサブカルチャーであり、クラシック音楽とか美術館に展示されるような絵だとか、いわばカルチャーの本道とは全く異なるものです。彼らはロック音楽に熱狂し、あるいはサッカーに夢中になる。それは、イギリスにおけるカルチャーの本道とは異なる独自の価値体系です。

この本はイギリスの労働者階級を論じたものですが、では、日本のヤンキーはどうか。日本でも、一定の若い人たちがヤンキーと呼ばれていて、彼らもしばしば学校に反抗しドロップアウトしますが、やはり、そこから先に従事する仕事は圧倒的に肉体労働が多い。反抗のあり方などは時代によって移り変わりますが、ヤンキーにもヤンキー独自の美学、すなわち独自のカルチャーがあるわけで、ウィリスの分析したイギリス社会と共通点はありそうです。

寅さんの反知性主義

このことについて、新自由主義と反知性主義の関連から考えてみます。反知性主義の定義は、人それぞれで難しいのですが、まずは、「知的なもの、知的ぶったものや人に対する反感」であるととらえてください。一般に非エリートである庶民は、反知性主義的エートスを常に持っているものです。映画『男はつらいよ』の寅さんは、学歴などない、どちらかというと下層の庶民です。寅さんは、庶民よりも上の知的階層に属するような、大卒の人間などが出てきて議論になると、一種のキメ台詞《せりふ》としてこう言います。「お前、さしずめインテリだな」。

寅さんの言いたいことは、「お前の言っていることはどうも腑《ふ》に落ちない、机上の空論なんじゃないのか」ということでしょう。であるとすれば、これは、いわば「古典的な反知性主義」です。これは私が勝手につくった言葉ですが、自分の生活実感から解離したものに対して疑いを持つという精神態度です。

反知性主義研究の古典である、リチャード・ホーフスタッターの『アメリカの反知性主義』の定義に従えば、反知性主義とは、「知的な生き方およびそれを代表とされる人びとにたいする憤りと疑惑」[*17]ということになります。肉体労働に従事している庶民の感性には、インテリの言うことは難しくて理解できないという以前に、そもそも実感を伴わないので、理解するに値しないものとしてしばしば現れます。「あいつらは働いてるなんて言えるのか。その癖なんだか世の中はこうなってるというような知ったふうな口を利きやがる。旋盤《せんばん》一つ削れないくせに」。実際、わけのわからない言葉遣いをすることで、人を煙《けむ》に巻くことを職業としている「インテリ」はたくさんいるので、これはある意味で、健全な疑いと言えるものです。自分の生活実感からかけ離れたことを権威ある人から言われたとしても簡単には信じない、という精神態度であり、イギリスの不良少年の学校教師に対する反感にも、似た側面があります。

庶民1と庶民2

さて、中北説を参考にして考えると、安倍晋三首相は、ヤンキーを含む草の根保守をまとめて、彼らを自らを支えるサポーターに仕立て上げたと言えるのかもしれません。では、はたしてその草の根保守主義は、生活実感に基づいた健全な反知性主義を持っていると言えるのか。ここが、問題です。おそらくは私は違うと思うのです。仮に寅さんのような庶民を「庶民1」と言うならば、安倍氏が現在依拠している庶民は「庶民2」とでも言うべき、内実の異なる存在なのではないか。

なぜかというと、彼らが唱える「日教組やマスコミを牛耳《ぎゅうじ》る左翼が国民を騙し、日本の誇りを傷つけ国益を害している」という物語が生活実感に根ざしているとは、到底思えないからです。この点で、イギリスの不良少年や日本におけるヤンキー、労働者階級の感性とは異なります。すると、安倍氏が組織した草の根保守というのは、実はヤンキー的なエートスとは親和性がないという結論になります。

現在様々な分析がされていますが、おそらくはヤンキーが急速に右傾化しているということではない。引きこもりの人たちのように、社会から疎外されている人たちが右傾化しているという説もあれば、それよりもむしろ中流階級が右傾化しているという説もあります。私はどちらかというと後者の説に共感していて、社会的地位の高い人までも含めた広範な社会階層に属する人々が、荒唐無稽な右翼イデオロギー（歴史修正主義や陰謀論に象徴される）を信じている、という現実があると見ています。

古典的ヤンキーが持つ「古典的反知性主義」が生活実感に根ざしたものだとすれば、現在の日本で見られる反知性主義は宙に浮いているがゆえにまともな中身がありません。ですから、現代日本の反知性主義は、エリートに対する庶民の懐疑としての反知性主義とは似て非なるものです。古典的反知性主義の劣化版と言えるかもしれません。それは、「容易には騙されない」態度とは正反対の、国家主義イデオロギーに軽率に感染する態度として現れています。

では、中野氏が言うところの新右派連合の柱をなす、「庶民2」は、どのようにして生まれてきたのでしょうか。

ポピュリズムから排外主義的ナショナリズムへ

時計の針を一〇年ほど前、小泉純一郎首相の時代に戻してみると、当時のキーワードは「ポピュリズム」でした。この言葉はもともと、一九八〇年代の英国サッチャー政権を分析する際に脚光を浴びたものです。ひとことで言えば、それは「イメージの政治」ということになります。

先ほども言及したように、サッチャー政権は、新自由主義政策に大きく舵を切った政権でした。当時のイギリスにおいて強い政治的影響力を持っていた炭鉱労働者の労働組合を潰すことで、労働運動を弱体化させることに成功するといったように、労働者階級に対して打撃を与える政策を次々にやりました。ところが、それらの政策が労働者階級の利益になるというようなイメージ操作に成功したところが、サッチャーの手腕の特徴だったと思います。彼女の政策は、一見したところ大衆の利害に寄り添っているかのような外観を得たのです。このようなイメージ操作を指して、「ポピュリズム」と言われたわけです。

この言葉が再び、二〇〇〇年代の日本においてクローズアップされることになりました。つまり小泉氏の政治手法がポピュリズムであると。そして、この頃から日本の右傾化ということも指摘されるようになってきました。しかし小泉時代の右傾化は、今日と比較すると、まだ激しいものではなく、現在のように排外主義の風潮がはびこるような状況ではありませんでした。いまは、ポピュリズムに代わり、悪質な排外主義的ナショナリズムが台頭している状況であり、事態ははるかに悪化しています。

さて、ポピュリズムにおいて重要なのは、その両義性です。ポピュリズムという言葉は、大概は悪い意味で使われますが、多くの場合それは、大衆迎合主義だという批判にすぎず、不十分です。政治家が大衆の欲するところをよく聞き、それを実現するのが民主政治ですから、それは正しいことではないかという考え方も当然成り立つからです。

では、ポピュリズム的であると評された小泉さんが大衆の声を聞いたというのは、いかなる意味においてなのかということを考えなければなりません。小泉政権はネオリベ転換

——中野氏の言葉でいえば、新右派転換——を決定づけた政権です。[*18]「自民党をぶっ壊す」という名文句がありましたが、それは、それまでの利益誘導の構造を壊すということでした。これに対して、当時の日本人は拍手喝采《かっさい》をしたわけです。

なぜ、拍手喝采をしたのか。そこには、長年の利益誘導政治の弊害に対する不満があったと考えられます。利益誘導政治とは、個別利害の政治です。つまり、人それぞれ自分の利害は異なる。勤めている会社が違えば、産業政策の効果も異なる。それぞれの産業団体が、政治献金などを通して、自分のところに利益誘導をするというのが典型的な構造です。そういうことをいつまでもやっているから、産業の合理化が進まないのであって、グローバル競争の中で日本が没落していくのだという不満が、長期経済停滞の期間を通じて渦巻くようになっていました。小泉政権の唱えた「構造改革」は、利益誘導政治の構造を壊してくれるのであり、それによって経済成長を取り戻せるに違いない、という期待を掛けられたわけです。

そして、小泉氏が利益誘導政治を破壊した後、自民党は短命政権が続き、民主党に政権を奪われますが、二〇一二年一二月に政権に返り咲き、現在にまで続く長期政権が、安倍氏の政権（第二次）です。一見したところ、安倍政権は、首相のキャラクターもあいまって、ナショナリズムに全面的に依拠しているように見えますが、もう一本の柱は、中野氏の分析でも示されたように、新自由主義、ネオリベラリズムです。本来は、この二本の柱は、矛盾する関係にある。なぜなら、ナショナリズムは国民の一体性を強調する原理である一方で、新自由主義は国民統合を破壊するものだからです。

慶應義塾大学教授の片山杜秀氏は、安倍政治は右翼保守主義ではないと指摘しています。片山さんによれば、安倍政治の本質は「安上がり」[*19]ということに尽きる。ナショナリズムを唱えているので、一見、日本人はみなしっかりまとまらなければいけないという主張に見えるけれども、福祉の充実にはまったく関心がなさそうなので、実質的な意味で国民を統合する気はない。福祉制度の整備にかける財源も用意しないので、そこで、ナショナリズムの安酒を飲ませてごまかしている。福祉よりもシンボル操作の方がはるかにカネがかからないので、「安上がり」だというわけです。

この見方をとると、政権の方針は、とにかく「安上がり」にすることであり、ナショナリスティックなこともそのために吹聴していることになります。

「公正な競争」など存在しない

では、利益誘導政治の構造を小泉氏が壊した後の世界に、安倍氏は何を持ち込もうとしているのか。安倍氏が自分の政策を語る際の言い回しでとても印象的だったのは、規制を緩和して、日本を「世界で一番企業が活躍しやすい国」にしていきます[20]、と表明したことです。この言葉は、まさに新自由主義者宣言とでも呼ぶべきものですが、その意味をよく考える必要があります。

新自由主義の本質とは何か。先に説明しましたが、それは、資本の運動に対する規制のないフラットな空間（＝自由競争の空間）を、場合によっては暴力を用いてもつくり出していくことでした。しかし、実はこの説明でも十分ではありません。

資本のための開かれた空間では、本来は自由な競争が成り立って、努力や創意工夫に優れた者が成功し、努力や才覚が足りなかったものは公正な競争ののち敗れていく。そのような意味では、スポーツ競技みたいなものとして、市場における競争はイメージされています。たとえ、その前提に暴力があるにせよ、その本質がフェアな競争ならば問題はないのではないか、と。ところが、現実はそんなものではありません。力づくで開かれた資本の空間に入ってくるのは、独占資本です。巨大独占資本が空間を占拠するのです。

例えば、イラクのフセイン政権が倒されたとき、アメリカは、イラク国家によって統制されていたマーケットを外へと開こうとしました。そこへ最初に参入するのは、当然のごとく、イラク戦争を後押しした資本であり、彼らが利権をまずがっちり押さえる。[*21] 彼らはイラク戦争の背後で様々な工作をし、金も出し、散々コストを払った。ですから、彼らにしてみれば、「公正な競争」なんてとんでもない、ということになります。

安倍さんとしては、企業一般を指して先の言葉を述べたのでしょうが、現実には企業一般のためになる政策など存在しません。ある特定の個別資本のためになる政策が存在するだけです。つまり、すべての企業がすべからく公正に競争できる場所などは、この世の中に存在しえないのです。

大衆の変質

ポピュリズムの話に戻ります。大衆の望みに従う政治というのは、確かにそれ自体悪いものではありませんし、民主制の基本です。しかしその時、大衆が根本的な勘違いをしているとすれば、その欲望に寄り添うことは根本的な間違いに帰結することになります。では、大衆はどんな間違いを犯すのか。

例えば、先ほど紹介した安倍首相の発言に引きつけて言えば、結局のところ経済産業政策においては、個別利害を超えた一般的な利害の実現などはありえないという事実が気づかれていない場合です。それは、現代の人々が生活実感を失っている状況とも深く関係しているのかもしれません。

大衆が自分たち自身の利害についての認識を失ってしまうという状況は、日本に特殊なものではなくて、かなりの程度世界に共通のものです。それは、大衆の中身の変質を示唆しています。右傾化や劣化した反知性主義が広がるのと同時に、生活実感に裏打ちされた考え方・世界観・価値観を持っていたかつての庶民1は、小泉政治以降（いや、もっと前からかもしれませんが）庶民2に変質したわけです。

彼らは、安倍首相が言う「世界で一番企業が活躍しやすい」場所が実在すると信じてしまうような庶民です。寅さんならば、「そんな場所あるわけねぇだろ。経済学者さんていうのはそういうのがあると仰《おつしや》るのかい。へぇー、よくわかんないねぇ。お前、さしずめインテリだな」と言って済ませるはずです。私たちは、寅さんのような健全な常識に基づく考え方、ものの見方を失ってしまったのです。

トランプ現象

ポピュリズムは、もちろん日本だけの問題ではありません。二〇一六年三月現在、アメリカの大統領選挙の予備選が進行していますが、象徴的なのは、不動産王のドナルド・トランプ氏が旋風を巻き起こしていることでしょう。トランプ氏の政治理念が本当のところどういうものなのか、いま様々な議論がなされていますが、現時点で指摘できる特徴は、彼が従来の政治の建前を完全にかなぐり捨てていることです。

例えば彼は、「メキシコ人は強姦魔である」というようなことを平気で言う。[*22] これは、政治の「ゲームのルール」が根本的に変化したのではないかということを疑わせるような事実です。もちろん、不法滞在者を含む移民との間でアメリカ社会に様々な軋轢が生じていることは誰でも知っている。しかし、これまでの政治家は、自らが先頭に立って問題視されているマイノリティを社会的に統合しようというスタンスを、少なくとも建前上は見せなければならなかった。しかしながら、トランプ現象では、そういう常識がもう働かなくなっている。あからさまな敵意、社会における分断を露にしているわけです。つまり、われわれの社会はもう包摂などできない、これからは排除を原則とするのだ、ということをはっきり打ち出しているわけです。

もちろんいつの時代においても、そのような発言をする人はいるでしょうが、ほとんどの場合は相手にされないわけです。ところが、トランプ氏は、社会が隠し持っているどす黒い本音の代弁者になって、大手を振って言いたいことを言う。そして、それが拍手喝采を浴びているという状況です。これが、トランプ・ブームの恐ろしさです。トランプ氏が最終的に大統領に選ばれなくとも、こういう傾向が出てきていること自体が、まさに政治が、「包摂から排除へ」という方向にシフトしていることを体現しています。

政治家が社会のどす黒い本音を代弁するような状況は、フランスにおける極右勢力の躍進に見られるように、どこの国においても、グローバル化がもたらす社会的軋轢に対する反応として出現しています。大衆の持つネガティヴな感情を和《やわ》らげるのではなくそれを煽ることによって、統治者が自分の権力を確保したり強化したりするという状況は、ファシズム的なものにほかなりません。

日本ももちろん例外ではなく、小泉政権当時「何かやってくれるのではないか」と根拠なく盛り上がった大衆感情は、第二次安倍政権の現在、排外主義的で、自己愛に耽溺《たんでき》するインスタントなナショナリズムへと転化しました。この安手のナショナリズムは、安倍政権の支持基盤となっているだけでなく、政権そのものがこうしたナショナリズムに感染している可能性は高い、と言わざるをえません。

3 「希望は戦争」再び

国家に寄生する資本

次に、新自由主義の日本的文脈について、より具体的な政治経済の側面を見ていきましょう。

安倍政権が取っている政策を支持している特定の資本があります。特に安倍政権において目立つ政策は軍事への傾斜ですが、とりわけ経済的な側面から注目すべきは、武器輸出の解禁[*23]です。これまでは、一九六七年に佐藤栄作首相が国会の答弁で表明した、(一)共産主義国、(二)国連決議で武器輸出が禁止された国、(三)紛争当事国とその恐れのある国への武器の輸出を禁じたいわゆる「武器輸出三原則」によって、日本は武器輸出に対する強い規制をかけてきました。この方針には、軍産複合体が肥大化することや、軍事ケインズ主義経済が発生してしまうことを防ぐ、という意図もあったと考えられます。

つまり、日本の武器産業は、戦後存続したとはいえ、あくまで控え目な地位しか与えられませんでした。ところが、安倍政権になって、武器産業を基幹産業にしようという主張が堂々と語られるようになりました。国際的な武器見本市に、日本の企業がこぞって出展し始めたことも話題になっています。[*24]

防衛関連企業としては、武器を開発して盛んに輸出したいという潜在的な欲求はあったのでしょうが、それに対しては歯止めがずっとかけられてきた。武器をつくって売って儲けるというのは、戦後の平和主義の国是にはなじまないという縛りが強くあったからです。しかし二〇一五年には、防衛装備庁という新しい官庁も迅速《じんそく》に設立されました。

このような方針転換に関しては、いかなる国民的議論もありませんでした。内閣の独断でやったわけです。日本の重厚長大型産業が行き詰まる中で、何とかして商機がほしいという圧力がかかったのでしょうし、安倍さんの趣味に合致するところもあったのでしょう。いずれにせよ、特定資本の利害が、政治権力を用いて貫徹される構図が現れています。

同様のことは原発に関しても言えるでしょう。三・一一を経たいま、原発というビジネスにおよそ未来があるとは思えません。こうした状況下で、例えばウェスティングハウスという原子炉メーカーを莫大なカネを出して買収した大企業(=東芝)は、減価償却するにも国内でこれ以上原発をつくれないという状況に直面し、輸出に活路を求めようとしています。だからともかく、輸出をさせてくれとプレッシャーを政府に対してかける。そのためには、国内での原発の再稼働がどうしても必要だということにもなる。結局、その圧力に対して民主党政権はまったく無力であったし、自民党政権は原発を推進した行きがかりがあるので、あたかも原発事故など起こらなかったかのような振る舞いをしているわけです。*25

このように、新自由主義の下で、「小さな政府」が実現され、政府が経済を統制する力が弱まるどころか、資本の国家権力への依存が非常に強くなっていく、という現実が目撃されます。こうした現象が生ずる理由は、すべての資本の利潤創出の困難にあります。簡単に言えば、まともにやっていても儲けようがなくなっている、ということです。

そのため、資本は国家に寄生して、国家の政策を左右しようとする。つまり、資本が国家を引きずり回しているようにも見えますが、それはある意味、資本が非常に脆弱《ぜいじゃく》になっているからだとも言えます。ここまで来ると、これを資本主義と呼べるのかという疑問さえ生じるでしょう。いま、まさにそんな状況にあるわけです。

バブル依存の世界経済

こうした状況の始まりはどこにあるのでしょう。日本にとって決定的な転換は、実は全部一九九〇年前後に起きています。世界的に見れば冷戦構造の崩壊であり、国内経済的に見るとバブル経済の崩壊です。バブル経済の崩壊の本質とは何か。崩壊後に不良債権問題が深刻化したということは表層であって、根本的な問題はいわゆる利潤率の傾向的低下、すなわち利潤が全般的に上がらなくなるということにあります。

これは水野和夫氏の理論[*26]などが参照先として有力ですが、水野氏によると、日本はある意味で世界最先端国であるというのです。なぜなら、世界の先進国のどこよりも早く経済成長ゼロ（利潤が上がらない）という状態に飛び込んだからです。日本経済のバブル崩壊後、世界の資本主義はどうなったかというと、いわばバブルを人工的につくることによって利潤率を無理矢理引き上げるということをやっていった。しかし、それはバブルですから必ずどこかで崩壊する。

その実例が、ロシアの通貨危機、東南アジア通貨危機、アメリカのITバブルとその崩壊、そしてサブプライム・ローン問題（不動産バブルとその崩壊）です。要するに、世界のどこかでバブルをつくっては壊し、ということを繰り返してきたのです。

中国のようにまだ実体経済的に成長できる要因を多く持っている国ですら、すでにバブル経済の論理が入ってきており、実体経済レベルでの成長と不動産バブルが渾然一体になったものとして現れています。さらに言えば、中国の実体経済レベルでの成長そのものも、バブルを背景としたアメリカの消費に依存したものでした。アメリカの消費者が借金を重ねてまで過大な消費をし、その借金を中国や日本が米国債の大量購入によってファイナンスしてきた。それが膨大な量に上ったとき、返してもらえるのだろうかという不安が当然発生するわけですが、だからといって債権国が米国債を大量売却すれば、ドルが暴落しアメリカ人の消費量もガタ落ちするので、アメリカへの輸出も止まり、自爆することになってしまう。ゆえに、さらに貸し続けるしかない、という状況が生まれました。

この構造は、「グローバル・インバランス」と呼ばれます。アメリカにモノを輸出し、アメリカに貸したお金でそれを買ってもらう。モノもカネも全部アメリカに吸い込まれていくという、ブラックホールのような構造です。その間生産設備を拡張し、供給能力過剰状態となった中国は、国内での不動産バブルの形成を通した内需の拡大を図ってきたわけです。

サブプライム・ローン問題の表面化によるリーマン・ショック以降、世界的に何が起きているのかと言えば、国債バブルです。国債は何に依拠するのか。それは、国家が徴税をできるということに依拠している。それは要するに現在及び未来の富、すなわち人々の労働による富の算出、これに対して国家が徴税をすることができるであろう、という期待に基づいているわけです。これの限界がどこにあるのか、ギリシャ危機などでその一端が表面化していますが、まだわかっていません。借金が天文学的な数字になってくると、本当にこの借金を回収できるのかという不安がどこかで爆発するはずです。

このバブルをつくっては壊し、壊してはつくる、というサイクルに一番最初に突入したのが日本だと、水野氏は言います。こうして一九九〇年前後に経済成長が止まったため、開発主義と利益誘導によって社会を統合すればよいというわけにはいかなくなったわけです。

そうなると、統治原理の根本転換が起こる。みんなを食わせるという包摂の原理が、排除の原理へと転換します。日本では相変わらず保守勢力の支配が綿々と続いていますが、みんなを食わせようという発想はなくなっている。国家は資本の利益を優先し、資本は国家に寄生する。他方、大衆には「底辺への競争」[*27]が押しつけられ、貧富の差が広がり、実質的な国民統合は失われます。

そこで現れてくるのが、諸々の劣化です。この章で取り上げた、右傾化、反知性主義、排外主義などがその典型ですが、それが排除の統治原理と結びつくときに生じる現象が、ファシズムです。排除された対象にどす黒い欲望をぶつける大衆がいて、政治もそれを煽る。これが、ファシズム的な社会のあり方です。それは、無残としか言いようがない代物ですが、いま日本はそのような状態に近づいています。

「成長戦略」としての戦争

さらに、危機は、経済成長ができなくなって世の中がギスギスするようになった、という程度では済まない可能性があります。それは、世界中で大きな戦争の可能性が如実に感じられることです。中東を筆頭に、東ヨーロッパでも東アジアでも、不穏な空気が漂っています。

私は危機感を煽るためにこうしたことを述べているのではありません。世界資本主義の問題として、もはや「成長戦略」を実現するには、戦争しか選択肢がなくなってきているからです。現に、一九二九年の大恐慌を最終的に「解決」したのは、第二次世界大戦でした。

二〇〇七年に赤木智弘氏が、『論座』に「『丸山眞男』をひっぱたきたい　31歳フリーター。希望は、戦争。」という文章を発表して、物議を醸しました。[*28] その内容は、格差社会の底辺部からの悲痛な叫び、「こんな状況が続くなら戦争でも起きた方がマシだ」というものでした。ただし、赤木氏は、この文章の中で、「戦争という手段を用いなければならないのは、非常に残念なことではある」とも書いており、あくまで「希望は戦争」というショッキングな表現を社会を目覚めさせる手段として用いていることを匂《にお》わせています。

これに対して、二〇一六年の今日、「希望は戦争」は、レトリックでなくリアルな話になりました。もちろんそれは、資本にとっての「希望」です。経済成長ゼロの状況を打開するための最高のカンフル剤は、大破壊です。大破壊をやって焼け野原が出現すれば、後は建て直すしかないので、成長が再開できます。

そして、世界の情勢がこのような方向に着々と向かっているのだとすれば、「バスに乗り遅れるな」とばかりに日本版軍産複合体の形成へと道を拓《ひら》きつつある安倍政権の政策は、ある意味で理に適っているのです。この方向へと人々を走らせるための前提として、諸々の劣化に基づく社会のファシズム的状況は、大いに役立つこととなるでしょう。

この章では、新自由主義の思想的系譜を辿りつつ、その日本的文脈について具体的に見てきました。これで、ほぼ、ポスト五五年体制を考えるうえでの最低限の要素は説明したことになると思います。終章では、ポスト五五年体制への展望を考えていきます。

注

*1 アダム・スミス著、水田洋監訳、杉山忠平訳『国富論』(一)-(四)、岩波文庫、二〇〇〇、二〇〇一年。

*2 ジョン・ロールズ著、川本隆史・福間聡・神島裕子訳『正義論』改訂版、紀伊國屋書店、二〇一〇年。

*3 フリードリヒ・A・ハイエク著、一谷藤一郎・一谷映理子訳『隷従への道——全体主義と自由』改訂版、東京創元社、一九九二年。

*4 ナオミ・クライン著、幾島幸子、村上由見子訳『ショック・ドクトリン——惨事便乗型資本主義の正体を暴く』(上)、岩波書店、二〇一一年、一〇三-一一一頁。

*5 同前、一一-一〇頁。

*6 古川美穂『東北ショック・ドクトリン』岩波書店、二〇一五年。

*7 血盟団事件は「昭和維新」の実現のために一人一殺主義を唱えた日蓮宗僧侶の井上日召を中心とする右翼団体・血盟団が起こした連続暗殺事件。一九三二年二月九日、小沼正が井上準

之助前蔵相を、三月五日には菱沼五郎が三井合名会社理事長の團琢磨を暗殺。五・一五事件は一九三二年五月一五日に海軍の青年将校らが首相官邸などを襲撃、犬養毅首相を射殺した事件。二・二六事件は一九三六年二月二六日に陸軍皇道派青年将校らが高橋是清大蔵大臣、斎藤実内大臣などを殺害、首相官邸・国会議事堂周辺を占拠したクーデター事件。

*8 トマ・ピケティ著、山形浩生、守岡桜、森本正史訳『21世紀の資本』みすず書房、二〇一四年。

*9 小泉政権時代の二〇〇四年七月の参議院選時に党幹事長を務めていた安倍氏は参院選の敗北後、「憲法改正や教育基本法改正などを前面に掲げることで『草の根保守』の結集を図り、民主党に対抗するという戦略」を採り始める。安倍氏が参考にしたのは、二〇〇四年一一月の大統領選に勝利した米共和党で、「経済保守」「社会的な保守勢力」「若い力」を活用し、今後の選挙を勝ち抜くには、そのための「草の根組織をつくっていくことが重要である」と述べた（中北浩爾『自民党政治の変容』NHKブックス、二〇一四年、二二一-二二二頁。安倍晋三「ブッシュ大勝は日本のチャンス」『Voice』二〇〇五年一月号、六九頁）。

*10 安倍氏は民主党の鳩山政権について「まさに戦後レジームの象徴」「国家観を否定し、教育の場では日本人の誇りを否定する」政権、次の菅直人政権を「陰湿な左翼政権」と呼んだ。野田佳彦政権についても「鳩山、菅政権のような左翼政権ではないと思っていたが、それは間違いだった」と述べている（中北浩爾『自民党政治の変容』二三八-二三九頁。「大座談会 暴走内閣を阻止せよ！」『WiLL』二〇一〇年七月号、安倍晋三「『陰湿な左翼政権』これだけの危険」『WiLL』二〇一〇年八月号、「緊急インタビュー 憲法改正を争点に『政界

再編』を急げ」『テーミス』二〇一二年一月号)。

*11 二〇〇二年一一月に成立した「拉致被害者支援法」によって被害者一人あたりに月一三万円を支給することが決まった。この支援法によって、拉致被害者はもちろんその家族までが国の税金によって手厚く保護を受けているというイメージが世間に広がり、蓮池薫さんの自宅には「私はあなた方のために税金を納めているわけではありません」といった匿名の手紙が届き、旅行先でも「税金で旅行、いいですね」などという言葉を浴びたという(蓮池透『拉致被害者たちを見殺しにした安倍晋三と冷血な面々』講談社、二〇一五年、七四‐七六頁)。

*12 旧右派連合の特徴である「開発主義」と「恩顧主義」については、中野晃一『右傾化する日本政治』岩波新書、二〇一五年、二七‐五〇頁を参照。

*13 原発を立地した自治体に支払われる、いわゆる「電源三法交付金」の使途は二〇〇二年まで公共施設やインフラ整備に限定されていた。自治体側の要望もあり二〇〇三年に制限が緩和されたものの、これまで政府は原子力推進のために、交付金とは別に一般税源を用いて原発立地を促すための特別措置法(「原子力発電施設等立地地域振興特別措置法」)を設けたり、交付金の対象から火力発電を外すなど、自治体の原発立地のインセンティヴをあげるための施策を行なってきた。交付金には加算制度も設けられており、プルサーマル受け入れ、定期検査間隔の拡大など、自治体住民にとって迷惑である条件を引き受けるほど高額になる仕組みとなっている。交付金の額は、発電量・稼働率などで決められるが、二〇一五年八月、国は安全確保のため原発を停止した場合でも稼働率を一律八一%としてきた規準を見直し、原

発事故前の稼働実績に基づいて各原発の交付金の額を決め、現在原発停止中の自治体への交付金を引き下げる方針を決めた。再稼働しない限り各自治体への交付額は減額されることになり、自治体から再稼働を求める動きが今後強まることも予想される(『毎日新聞』二〇一一年八月一九日、二〇一五年八月一一日)。

＊14 新右派連合については、中野晃一『右傾化する日本政治』五二－一一三頁を参照。

＊15 原発事故後に一八歳以下の福島県民の甲状腺がんの調査を行った岡山大学の津田敏秀教授らは、福島県の小児甲状腺がんの発生率は、全国平均と比べて最大約五〇倍に達するという内容の論文を二〇一五年一〇月に発表した。津田氏によれば、福島第一原発事故後に甲状腺がんが多発することは、国際的には「専門家の間では共通の認識であった」が、国内では事故直後から「事故によるがんの増加は起こらないか、起こったとしても認識できない程度」という「科学的根拠の全くない言説」が広がり、政府や行政機関も「年間一〇〇ミリシーベルト以下の被ばくによるがんの増加は起こらないか、起こったとしても認識できない」という「国際的な知見を無視した」説明をいまも繰り返しているという(津田敏秀「ある原因による健康障害発生予測とその対策――福島第一原発事故後の対策立案のための基礎知識」『現代思想』二〇一六年三月号)。

＊16 ポール・ウィリス著、熊沢誠・山田潤訳『ハマータウンの野郎ども』ちくま学芸文庫、一九九六年。

＊17 リチャード・ホーフスタッター著、田村哲夫訳『アメリカの反知性主義』みすず書房、二〇

○三年、六頁。反知性主義については、白井聡「反知性主義、その世界的文脈と日本的特徴」(内田樹編『日本の反知性主義』晶文社、二〇一五年）も参照していただきたい。

*18 中野晃一『右傾化する日本政治』一一八－一三四頁。

*19 片山氏は二〇一三年四月二八日に行なわれた安倍政権の「主権回復の日」のイベントについて、「実に『安上がり』な国民統合の仕掛け」「国防軍、日の丸、君が代といったナショナルなシンボルをやたらと強調するのは『もう国は国民の面倒はみない。それぞれ勝手に生きてくれ』という、政権の新自由主義的なスタンスと表裏の関係にあります」、さらに日本には「安上がりに済ますにはうってつけの精神的風土があることは疑いない」と朝日新聞の取材に対して答えている（「政治を話そう　主権と回復　慶応大学教授・片山杜秀さん」『朝日新聞』二〇一三年四月二七日）。

*20 「第一八三回国会における安倍内閣総理大臣施政方針演説」（二〇一三年二月二八日）。www.kantei.go.jp/jp/headline/183shiseihoushin.html

*21 イラク戦争後の初期復興事業では、アメリカの建設業大手ベクテル社が総額六億八〇〇〇万ドル（約八一六億円）に上る巨大事業を受注した。ベクテル社は「ブッシュ政権との親密ぶりで一、二を争う」と言われる企業であり、レーガン政権の国務長官だったジョージ・シュルツが役員を務め、会長のライリー・ベクテルは大統領の諮問機関のメンバーであった（『毎日新聞』二〇〇三年四月二二日）。

*22 ドナルド・トランプ氏は、二〇一五年九月の共和党の大統領候補選の集会で、メキシコ人に

ついて「問題だらけで、米国に麻薬や犯罪を持ち込んでいる。彼らは強姦魔だ」と発言、さらに「もし私が勝利したら、彼らは帰国することになる」と語った（AFP通信、二〇一五年一二月一五日）。

*23 二〇一四年四月一日、安倍政権は、武器輸出を原則禁じた「武器輸出三原則」に代わり「防衛装備移転三原則」を新たな方針とした。これを受けて、武器などの研究開発や調達、輸出をまとめて担う防衛装備庁が二〇一五年一〇月一日に発足、武器輸出は「原則禁止」から「原則解禁」に転換した。軍事評論家の前田哲男氏によれば、「武器輸出三原則は国是とされ、対外的には憲法九条の具体例のような存在でしたが、財界にとっては目の上のたんこぶで、日本経団連になる前の経団連の時代から規制緩和や撤廃を言い続けてきた」という（「特集ワイド　続報真相　戦争はもうかりますか?」『毎日新聞』二〇一五年一〇月二三日夕刊）。

防衛省「防衛装備移転三原則について」

http://www.mod.go.jp/j/press/news/2014/04/01a.html

*24 日本政府が「防衛装備移転三原則」で武器輸出を認めたのを受けて、二〇一四年六月にパリで開かれた世界最大規模の陸上兵器展示会「ユーロサトリ」に日本企業一三社が初めて出展した（『毎日新聞』二〇一四年六月一七日）。二〇一五年五月には、横浜で国内初の本格的な海軍兵器や海上安全システムの国際展示会も開かれた（『朝日新聞』二〇一五年七月二六日）。

*25 二〇一四年四月一一日、安倍政権は新たなエネルギー政策を閣議決定し、原発の海外輸出や国内の原発を再稼働を進めていく方針を打ち出した。二〇一五年八月一一日には、鹿児島県

の川内原発（九州電力）、二〇一六年一月一九日は福井県の高浜原発（関西電力）が再稼働した（二〇一六年三月九日、高浜原発は大津地裁から運転差し止めを命じる仮処分を受けた）。原発の海外輸出については、二〇一三年五月のトルコ訪問、二〇一五年一二月の日印原子力協定成立など、安倍首相自身の「トップセールス」もあり、日本の原発メーカーによる原発輸出は加速している。日立製作所は二〇一二年に買収したイギリスの原発関連企業ホライズン・ニュークリア・パワーが計画していたイギリスでの原発建設事業を、東芝は二〇一四年に買収したイギリスの原発企業ニュージェネレーションの建設計画をそれぞれ引き継いだ。東芝の子会社のウェスティングハウスもアメリカと中国で四基を受注、インドでも新たに受注予定。三菱重工もフランス企業との合同でトルコで四基を受注することがほぼ決まったとされる（『東京新聞』二〇一六年一月二六日）。

＊26 水野和夫『資本主義の終焉と歴史の危機』（集英社新書、二〇一四年）などを参照していただきたい。

＊27 グローバリゼーションと自由貿易の拡大により、国内労働者の賃金や社会保障の水準が下がり続けていくこと。労働力の高い先進諸国の企業が新興国企業との価格競争に勝つためには労働者の給与を恒常的に引き下げざるを得なくなる。国家も外国企業の誘致などを狙って規制緩和や減税などを推し進めるため、国民の社会福祉の水準も下がり続けていくことになる。

＊28 赤木智弘「『丸山眞男』をひっぱたきたい　31歳フリーター。希望は、戦争。」『論座』二〇〇七年一月号、朝日新聞社。

終章　ポスト五五年体制へ

本書の冒頭で述べたように、この本の目的は、完全な行き詰まりに陥った戦後日本政治を乗り越えるための指針を導き出すこと、言い換えれば、真の意味での「戦後レジームからの脱却」を提示することです。

現代日本の政治的社会的危機の深まりがどのような形で現れているのか、五五年体制の実態とその崩壊後の政治体制構築の失敗（第一章）、国内的文脈における対米従属（第二章）と日米関係における対米従属の諸相（第三章）、そして八〇年代以降の新自由主義の席巻が日本の政治・社会に与えた影響（第四章）、を見てきました。

この終章では、ポスト五五年体制を本当の意味で構築するために、いま何が必要なのかを考えましょう。そのとっかかりとしてまず考察しなければいけないのは、民主党の挫折の原因です。

民主党政権への失望

ポスト五五年体制の日本政治のあるべき姿として、政権交代可能な二大政党制が言われてきた中で、二〇〇九年、ついに民主党への政権交代という形でそれが具体的に実現しましたが、失敗に終わりました。

鳩山政権、菅政権、野田政権と続いたわけですが、すでに見たように、確かに鳩山政権には少なくとも政権交代の名に値する何かを成し遂げようという志向がありました。それが普天間基地問題をめぐって挫折し、そして菅政権、野田政権になって、その間に三・一一という大きな事件が起きる。野田政権まで来ると、政権の姿勢は自民党のそれに限りなく近づいてきます。野田政権と安倍政権の政策を見比べると、極めて連続性が高いことがわかります。TPPしかり、原発への回帰もしかり、集団的自衛権の問題、特定秘密保護法などもしかり。「自民党野田派」という言葉が生まれたのも納得できます。アベノミクスを除けば、野田政権の政策にナショナリズムのスパイスを振りかけたのが安倍政権の政策である、と見ることさえできます。

民主党政権の失敗については、いろいろな分析が出ていますが、全般として、行政の長に立った経験がない人が多かったため、うまく部下を使いこなせなかった、つまり経験不足だったという批判が多いようです。確かに技術的に稚拙だったというのはその通りでしょう。しかし、ここまで論じてきたことから、問題の本質が技術的な次元にないことは、明らかです。

私は、民主党の失敗の本質は、「希望」と「覚悟」の問題であったと考えています。

ここで「希望」というのは、民主党政権に何かしらの障害があったとしても、何とか乗り越えてくれる、乗り越えて欲しいという、国民が政権に対して抱く感情のことを意味します。このような「希望」を持つことができれば、たとえ政治的な技術が多少稚拙であっても、国民は寛容な目で政権を見るでしょう。しかし、民主党はこの「希望」を国民に与えることができなかった。

なぜ希望を与えることができなかったのかというと、根本的に「覚悟」が足りないことが見え見えだったからです。私自身の記憶を辿ると、民主党政権に交代したあと最初に失望したのは、鳩山政権の閣僚複数名が、こんなことを言っているのを聞いたときです。いわく、政権交代によって官から民へと政治の構造を根本的に変えるのだ、「明治維新以来の革命的な転換である」と。

「明治維新以来」――そういう重いことを軽々しく言うべきではない、と私は思いました。明治維新は、実質的に革命であり、たくさんの血が流れました。戊辰戦争で勝った側も、そのあと内部分裂して西南戦争で血を流し、西郷隆盛は討たれます。しかし、西南戦争で勝った側にいた大久保利通も、畳の上では死ねなかった。吉田松陰も高杉晋作や久坂《くさか》玄瑞《げんすい》などその弟子たちもことごとく死に、伊藤博文や山県有朋《やまがたありとも》などが運良く生き残った。

革命とは、本来そういうものです。

だから、明治以前の体制を根本的に変えた明治維新と同じほど大きな転換を目指すのだというのであれば、血が流れるぐらいの覚悟が必要であるのは当然です。そして、本当にその覚悟があるのなら、そのようなことは公言せずに、黙ってやるでしょう。それを言ってしまうのは、自分がどのぐらい大きなホラを吹いているのかに対する自覚すらないことを意味する。酔っ払いの言葉と同じだと、私は早々にそう思いました。ですから、その後民主党政権自体が「永続敗戦レジーム」のメカニズムに巻き込まれて第二自民党化していった展開は当然のことだったわけです。

形成されるべき対立軸

政権交代の失敗劇によって明らかになったのは、ポスト冷戦期の日本において、政権交代可能な二大政党なるものは機能しない、という事実でした。この仕組み自体が、「永続敗戦レジーム」なのです。その内部では、自民党がもともと有しているアメリカの傀儡的性格が強まる一方、民主党内部にも右派として同様の勢力がいます。例えば、新安保法制をめぐる国会審議の際、同党の長島昭久衆議院議員が質問をしていましたが、彼が政権に対して言っていたことは「集団的自衛権の行使は否定しない」「もっと時間をかけてくれ」ということでした[*1]。要するに、本質的には新安保法制に何ら反対などしていないのです。

こうした実情があるので、私はある機会に、民主党と維新の党の合流、新党結成に際して、どんな党名がよいかと問われて、こう答えました。「第二自由民主党、あるいは傀儡二軍党でいかがでしょうか?」と。厳しい言い方に聞こえるかもしれませんが、新党は、永続敗戦レジームの補完勢力を追い出し、永続敗戦レジームと対決するという理念・姿勢を確固たるものとしないのであれば、客観的事実としてそのような党でしかないからです。現状では、アメリカから見れば、自民党は傀儡Aであり、民主党は傀儡B、どっちに政権が転がり込んでも安心というわけです。私たちが拒否すべきは、自民党でも民主党でもなく、この構造そのものなのです。

ちなみに、実は、アメリカは五五年体制においても、同じような状況をつくりました。アメリカとソ連の代理戦争という形で五五年体制の政治はあったわけですが、親ソ的になった社会党が政権を取ってしまうとアメリカは困る。そこで、社会党内部でソ連に距離を置いている人々を引き剝がして、民社党という別の政党をつくらせたわけです[*2]。

述べてきたように、ポスト五五年体制を形成できないまま、日本政治の世界では、新自由主義化と政権の傀儡化が進んできました。永続敗戦レジームは、新自由主義と結合して多国籍資本の走狗《そうく》となることによって生き残ろうとしているわけです。だから、永続敗戦レジームの対抗軸になる勢力は当然、新自由主義を打倒しようとする勢力として結集しなければならない。これがいま、形成されるべき政治的対立の構図です。

沖縄から考える

とはいえ、「永続敗戦レジーム」は、政官財学メディアの中心部に浸透した権力構造であり、それゆえこれに対抗したり突き崩そうと試みるのはあまりに困難である、と感じられるかもしれません。その時に大きなヒント、示唆を与えてくれるのが沖縄です。

なぜ沖縄かというと、そこで起きたこと、いま起きていることは、言ってみれば、正しい形で政治対立の構図が表れたものだからです。それは、従来の保革の対立でもなければ、構想されてきた保守二大政党の対決とも違うものです。

保守二大政党制では、保守党vs.革新党に代わって、保守党Avs.保守党Bという構図ができればいい、と言われてきたわけですが、最後は「自民党野田派」とまで呼ばれた民主党政権の惨状を見ればわかるように、これでは結局のところ、アメリカ傀儡A党とアメリカ傀儡B党の闘いにしかならないのです。ならばどっちを選んでも同じだということが、この二五年間で明らかになったことです。

沖縄で現れた構図はまったく違うものでした。辺野古新基地建設問題への対応をめぐって、前沖縄県知事の仲井眞《なかいま》弘多《ひろかず》氏の時代ですでに、知事が一時は辺野古には断固基地をつくらせないと表明せざるを得ないところまで、沖縄の反基地の民意が高まったわけです。しかし結局のところ、仲井眞氏は屈服させられました。しかもその後の彼は、県知事選に再出馬することによって、いわば「永続敗戦レジームの代理人」に堕《お》ちてしまったわけです。

それに対して、もともとは仲井眞氏を支える立場にいた翁長雄志《おながたけし》氏が、保革を横断する「オール沖縄」を掲げて叛旗《はんき》を翻しました。東京の政府が（そして本土の日本人が）、沖縄に対して突きつけた選択肢は次のようなものです。すなわち、耐用年数二〇〇年と言われる巨大な新基地を自然環境破壊を犯してつくらせるか、それとも「世界一危険」と言われる普天間基地をいまのまま放置するか、どっちかを選べということです。この「究極の選択」に対して、翁長陣営に集った勢力は、「どっちも選ばない」という、二者択一の選択そのものを拒否する態度を鮮明にしました。これは、私の理論図式に当てはめるならば、永続敗戦レジームそのものを拒否した、ということです。

これによって本質的な政治対立の構図が現れました。二〇一四年の県知事選は、「永続敗戦レジームの代理人」(仲井眞氏)対「永続敗戦レジームを拒否する勢力」(翁長氏)という形で、闘いの焦点が定まったのです。このとき、私は、極めて正しい対立の構図が現れたと感じました。それは、いまや日本全土で現れるべき対立の構図にほかならないのです。

延命を図る永続敗戦レジーム

しかし、もどかしいことですが、こうした認識は本土では広まっていません。民主党による政権交代に幻滅した有権者の多くが、選挙では棄権するか、自民党支持に戻りました。自民党支持に戻った人は、「やっぱり民主党では上手くやれなかった。政権担当能力があるのは自民党だけだ」というような考えを持っているのでしょう。

こうした考えに欠けているのは、いま提示されている選択肢そのものを拒否する、という姿勢です。先ほども述べたように、「自民か、民主か」——ただそれだけでは、「永続敗戦レジーム」の主役か補完勢力か、傀儡の一軍か二軍か、という選択にすぎません。私たちは、こんな選択とは言えない選択を強いる構造そのものをぶち壊さなければならないのです。

また、官僚の使い方が上手いとか下手だとか、そのような基準で「やっぱり民主よりも自民」というような判断を下している人がいるとすれば、あまりに浅薄な考えです。『永続敗戦論』も含め述べてきたように、いま露呈している問題は、政治家の技量の多少の巧拙などという次元のものではないのです。

もちろん棄権は論外です。投票率がどれほど低下したとしても、選挙の合法的有効性は揺らぎません。棄権する者は、政治家・官僚に対して、自分を好きなように収奪してよい、それに対して何も文句を言うつもりはない、と意思表示しているに等しい。

悠長に構えている余裕など、どこにもないのです。なぜなら、永続敗戦レジームの耐用年数は過ぎてしまったにもかかわらず、これを無限に生き延びさせようとするために、無茶なことや腐敗が多方面で生じてきているからです。

TPPも、永続敗戦レジームを維持するためのものです。冷戦構造の崩壊後、アメリカにとって日本は、無条件に庇護するべきアジアのナンバーワン・パートナーではなくなった。TPP交渉から見て取れるのは、アメリカ自身が衰退する中で、日本を収奪すべき対象へと新たに位置づけているということです。

日本の永続敗戦レジームの担い手たちは、自らを守ってきた権力構造を維持するためならば、あらゆる富を売り払うということにまったく躊躇しません。TPPについては、現在では農産物の市場開放のことばかりが言われていて、その問題もきわめて重要ではありますが、これから来るのは健康保険の問題です。日本の国民皆保険制度が民間企業に開放されるならば、そこには一〇〇兆円規模の市場が出現すると算出されています。多国籍資本は、虎視眈々《こしたんたん》とそれを狙っていますが、それが実現されれば、世界的に高く評価されてきた日本の医療制度（それは一種の富なのです）は「命の沙汰はカネ次第」というアメリカ型へと変貌します。

安倍首相は、「TPPに加盟しても国民皆保険制度は絶対に守る」と言っていますが[*3]、これを額面通りに信じるのはよっぽどのお人好しです。皆保険制度を形骸化させ、ほとんど無意味なものにしてしまっても、「守った」と強弁するでしょう。そのためには、混合診療制度の導入や薬価の改定などを進めることによって、民間保険会社の参入する領域を増やしていき、皆保険制度を存続させたままそれだけでは十分な医療が受けられない状態にしてしまえばよいのです[*4]。このままの政治が続けば、確実にこの方向へと進んでいくことになるでしょう。これほどまでに堕落は進んできたのであり、それは国民生活を直接的に破壊することになります。「戦後の国体」としての永続敗戦レジームは、国民をすり潰しながら自己保存を図るのです。あの戦争のときと同じように。

政治的最先端地域としての沖縄

死に物狂いで延命を図る永続敗戦レジームに抵抗するために一刻も早く立ち上がらなければならないのに、本土の日本人の多くがまだ寝ぼけています。沖縄はどこよりも先駆けて、何と闘わなければならないのかという認識に到達したのです。

沖縄の問題に対して、本土の人間はあまりにも無関心であるとよく言われます。私も最近、そのことを実感しました。Ｙａｈｏｏ！ニュースの中に「Ｙａｈｏｏ！ニュース個人」というコーナーがあり、様々な人が自分の書いたものをアップしています。私もそのコラムの書き手の一人として、たまに文章をアップしていますが、そのうちの二本で沖縄について書いたことがあります。[*5] 私は書き手として、各記事のアクセス数を見ることができるのですが、沖縄という言葉がタイトルに入った記事は比較してほかの記事よりもはっきりとアクセス数が低い。いかに日本人が沖縄の問題に対して無関心であるかということを実感しました。

あくまでも私の大雑把な推測ですが、日本の本土人口の半分くらいは沖縄について無関心です。では、残りの半分は関心を持っているとして、その半分つまり全体の二五%くらいは沖縄に対してある種の差別的な感情を持っている。沖縄は貧しくて大した産業もないんだから、基地を押し付けられても仕方がないんじゃないか、といったような明確に差別的意識を持っている。では、残りの二五%はどう考えているかというと、沖縄に対して負担を押し付けて申し訳ないとか気の毒だという同情の気持ちを持っている。

無関心と差別と同情のうち、同情が一番マシな態度でしょうが、それでは十分ではありません。「同情」というのはあくまで他人に対して抱く感情です。つまり、日本人のほとんどは、沖縄の問題を自らの問題として認識していない、ということです。

かく言う私も、沖縄問題とは何なのかということを、自分なりにストンと腑に落ちる形で理解できるようになったのは『永続敗戦論』を書くことを通じてでした。それまでももちろん、沖縄戦の惨状や、戦後沖縄がどのようなひどい扱いを受け続けてきたのかといったことについて学んだことはありました。しかし結局、それは他人事でしかなかったわけです。『永続敗戦論』を書くことによって何がわかったかというと、沖縄の問題は他人事ではない、沖縄で生じていることは、いわば日本全体で生じていることの縮図だということです。

そう考えたとき、沖縄が現在、政治的には最先端の地域であるということがわかります。確かに経済的には立ち遅れているかもしれません。しかし、政治的には最先端の地域である。その理由は、沖縄が「永続敗戦レジームの外部」にいるからです。

それには、いくつかの要因があります。まずひとつには、第二次大戦中、沖縄は唯一地上戦が行なわれた地域であった。いわば沖縄だけが本土決戦をやらされたわけです。さらに戦後は、本土が戦後民主主義のもと、政治システムとして議会制民主主義を享受してきたのに対し、沖縄だけはアメリカによって直接統治され、長らく冷戦の最前線に置かれてきた。そのため、沖縄は永続敗戦レジームを外から見ることのできる視点を得ることができた、というか、そうならざるを得なかったのです。だからこそ、沖縄から永続敗戦レジームに対する明確な対決姿勢が出てきたことは、必然なのです。

三つの革命

本当の意味での「戦後レジームからの脱却」とは何か。それは、政治的な実践の中で、この国の「永続敗戦としての戦後」を終わらせることにほかなりません。そのためには、三つの「革命」が必要だと私は考えます。

「革命」という言葉は、不穏に聞こえるかもしれません。しかし、先にも述べたように、今後の可能性は二つに一つなのです。「永続敗戦レジーム」は、その土台を喪《うしな》っているので、遅かれ早かれ崩れざるをえません。それが痛みの大きいハードランディングとなるか、ソフトランディングとなるか、それが問題です。紛争や経済崩壊、あるいはその両方といった契機によって変革を強制されるのが前者のケースであり、私たちの社会が自己変革を通じて新しいレジームの形成に到達するのが後者のケースです。したがって、大規模な自己変革（＝革命）は、実は望みうる唯一の穏やかな手段にほかなりません。

三つの革命とは、「政治革命」「社会革命」「精神革命」であり、この三つは密接に関係しながら、すでに進行しつつあります。

政治革命——永続敗戦レジームを失効させる

まず、政治革命とは、本書全般を通じて論じてきたように、「永続敗戦レジーム」を失効させ、ポスト五五年体制と呼ぶに値する政治状況をつくり出すことです。それはもちろん、形式的な政権交代や政党がくっ付いたり離れたりの政界再編とは次元が違います。ポスト冷戦期において、このような低次元の政治ショーを見せられ続けた国民は、心底嫌気がさしています。

しかし、政治家たちのそのような体《てい》たらくを許しているのも、結局のところやはり国民自身なのです。「票を入れたい候補が誰もいないので投票に行かない」とか「忙しくて政治のことなんか考える時間がない」といった「常識」は、現代日本人の生活実感に根ざしたものではありますが、愚かで幼稚なものでしかありません。そのようにして状況を放置するならば、本書で述べてきた「悪いシナリオ」を回避することはできなくなるでしょう。

この政治革命に関しては、本当に時間がかかりましたが、いま糸口が見えてきました。すなわち、二〇一六年の参院選を視野に入れた野党の共闘についての合意形成です。彼らは、「立憲主義の擁護」のほぼ一点で、共闘のために重い腰を上げました。この動きが、永続敗戦レジームと正面から闘う勢力の形成へとつながっていけば最良ですが、その実現の可否は、次に論じる社会革命と国民の精神革命の帰趨《きすう》に懸《か》かっているでしょう。

ここで指摘しておくべき重要な点は、このような共闘の契機が、「立憲主義の危機」によって与えられたことです。今日、断末魔の悪あがきを続けている永続敗戦レジームは、その起源を遡ると、短期の起源は第二次世界大戦の敗戦処理に見出されますが、さらに遡るならば、戦前のレジームそのものに見出すことができます。なぜなら、多くの論者が指摘してきたように、戦後レジームは、敗戦を契機とした民主主義改革によって始まったという建前を持ちながら、戦前のレジームを曖昧な形で引き継いだものだからです。ゆえに、私は永続敗戦レジームを「戦後の国体」と呼んでいるわけです。

戦前レジームにおける根本問題は、私の考えでは、「国民と国家」の関係にありました。すなわち、国民があって国家があるのか、国家があって国民がいるのか。国民と国家のどちらが優越するのか、曖昧であったわけです。この問題は、明治時代には「民権と国権」という語彙で論じられました。明治以降の日本は近代国家を名乗る以上、民権の原理を全否定するわけにもいきませんでしたが、国家主導による急速な近代化の実現を至上命題としたために、結局のところ国権が実質的に優越する体制が固まっていきます。

戦後、丸山眞男をはじめとする多くの論者が、昭和ファシズム期を明治以来の近代化路線からの異端的な逸脱とみなさずに、明治レジームの確立成長期においてすでに超国家主義に至る芽があったのではないか、という仮説を建てた根拠は、右のような歴史経緯にあります。そして、そのレジームは敗戦を乗り越えて継続してきました。

　丸山らの仮説の正しさは今日あらためて証明された、と私は思います。立憲主義は、国家が暴走して国民をないがしろにすることに対して構造的に歯止めを掛ける仕組みにほかなりませんが、現在の政権で閣僚に準ずるような立場にいる政治家が「立憲主義なんて聞いたことがない」[*6]と言ってはばからないという状況は、永続敗戦レジームに戦前レジームのDNAがいかに深く埋め込まれているのかを物語るものです。

　こうした状況は、自民党を中心とする永続敗戦レジームの中核部が、戦後の全歴史を通じて、民主主義を表面上は奉じながら、「国民があって国家がある」のではなく「国家があって国民がある」という原理を根底において堅持してきたことの証左なのです。耐用年数を過ぎてしまった永続敗戦レジームが無理矢理に自己を無限延命しようとする中で、その地金がいま露呈しているわけです。

　したがって、来たるべきポスト五五年体制の政治は、明治時代から現在まで綿々と続いてきた、「国家は国民に優越する」という原理を、その原理を奉じる政治家・政治勢力もろともに、一掃《いっそう》するものでなければなりません。このことから、第二の革命＝社会革命の具体的課題も見えてきます。

社会革命——近代的原理の徹底化

社会革命とは、近代的原理の徹底化を図るということです。近代的原理とは、基本的人権の尊重、国民主権の原理、男女の平等、といったいくつかの基本的な原理であり、それらは戦後憲法にはっきりと書き込まれました。

いま、「永続敗戦レジーム」の主役たちは、戦後憲法を是非とも変えねばならないという妄念にとり憑かれていますが、彼らが敵視しているのは九条だけではありません。自民党が提起した新憲法草案には、右の近代的原理に基づく国民の権利をできるだけ制約したいという欲望がにじみ出ています。つまり、彼らは戦後の民主化改革の成果を全部ゼロに戻そうという欲望を露にしているのであり、これは言うなれば逆向きの社会革命です。

こうしたことが起こるのも、永続敗戦レジームの崩壊の危機のためであると私は思います。それは、戦前戦中から連続してきた永続敗戦レジームの深層の原理を純化させることによって、その危機を乗り越えようという試みであると言えるでしょう。したがって、私たちが求めるべき社会革命は、こうした流れを押し返し、反対に近代的原理を徹底化させることによって導き出されます。

また、この原理に照らせば、諸々の具体的かつ喫緊の政治経済・社会問題に対する処方篓も自ずと見えてきます。

例えば、福島第一原発事故が原因と疑われる子どもの甲状腺がんの発症にどう対処するのか。[*7]現在、政府はこの問題に対して不誠実極まる対応を行なっており、それは人権侵害にほかなりません。事故直後の対応の不適切性・不作為を含め、しかるべき責任追及を行ない、人権侵害の状態を解消すること——これが当たり前の対応です。

あるいは、沖縄の米軍基地問題についても、近代的原理を参照することで問題解決への基本的なコースが見えてきます。現在の沖縄への基地集中は明らかに不平等であり、差別的です。すべての国民は平等に扱われ、出自や地域性によって差別されないという近代国家の原理に反した状態にあります。今後も大規模な米軍基地が日本にとってどうしても必要だというのならば（私はそのような見解に同意しませんが）、公平な負担が議論され、実行に移されなければなりません。それができないのであれば、沖縄が日本国を見限って独立を志向するようになることは、まったくの必然であると言わざるをえません。

したがって、沖縄を失わずに、かつ本土に米軍基地を大規模移転させるのも嫌だというのならば、私たちは米軍基地の大幅な縮小、最終的な撤収を目標とせざるをえません。そして、それをやるためには、第三章で見たように、「アメリカの傘の下の日本」という前提を取り払った国際関係を模索しなければなりません。

現代日本の政治課題、経済の課題、社会問題を数え上げればキリがありませんが、それらに取り組む原理は、本書で述べてきたことから明らかであると思います。上述の近代的原理の徹底に加えて、「再包摂」が強調されなければなりません。新自由主義政策による社会破壊作用がファシズムの危機をもたらしているのだとすれば、この危機を食い止めるためには、「排除」へと転じた統治の原理を再び「包摂」へと向け変えなければなりません。包摂の原理に基づく具体的で現実的な政策は、各領域のそれぞれの専門家が数多く提言しています。問題は、それらの知恵を実際に役立てる意志があるかどうかなのです。その意志を立ち上げることが、社会革命を現実のものとする始発点にほかなりません。

精神革命――太初《はじめ》に怒りあり

三つ目の革命は、人々の精神領域における革命です。政治革命にせよ、社会革命にせよ、それらが本当に実効性のあるものとして行なわれるのか否かは、しかるべき立場にいる人々にそれらを実行させるだけの十分な圧力がかかるのか、という点に懸かっています。私がいま述べた政治革命や社会革命の内容に特に新しいことはありません。また、多くの政治家や有力者は、しばしば似たような内容の事柄を実行すると言ってきました。では、それらがなぜ行なわれないのでしょうか。

要するにそれは、意志の問題です。本当にやる気があるのかどうか、また権力者にやる意志があっても、それが周囲から支えられる確信が持てるのかどうか。権力者にしかるべきことを実行するよう迫る、あるいは実行する勇気を与えるのは、広範な「社会からの要求と支持」です。

この点については、三・一一以降、日本社会はかなりの程度変化しました。一九八〇～二〇〇〇年代の間、縮小しきっていた社会運動・市民運動が爆発的な広がりを見せつつあります。これはある意味で当然のことではありました。あの原発事故によって、この国の地金、そのスカスカになっていた内実が露呈し、もう少し運が悪ければ国家・民族として終了するという瀬戸際まで追い込まれたからです。しかも、そのような事態をもたらした経緯の追跡も、責任の追及もまったく不十分な形でしか行なわれない、ひとことで言えば、「大事故などまったく起きなかったのだ」という究極の否認の態度で、この国の支配階層は事態をやり過ごそうとしていることが露になりました。

ですから、私は三・一一以降（あるいはその前から）立ち上がった人々に対して強い連帯感を抱いていると同時に、その数があまりに少ないことに苛立ちを感じています。

ともあれ、まずは最初に立ち上がった人たちから始め、その数を増やしていくしかありません。脱原発運動に始まり、排外主義に抗する運動、新安保法制に対する反対運動に至るまで、止むに止まれぬ思いに駆られて街頭に出てくる人々は増え続けています。

この動きに対しては、一部の人々からお定まりの冷笑が浴びせられていますが、この現象こそ、日本の国民精神に深く浸透した奴隷根性を証明するものにほかなりません。立ち上がったわれわれの主張がそうやすやすと通るものではないことなど、参加者の誰もが知っています。原発推進にせよ、新安保法制にせよ、この国の権力中枢が全力を挙げて取り組んでいるイシューなのですから、数万の人が街頭に出てきて騒いだからといって、簡単にブレるものでないことなどわかりきったことです。どうせ勝てるわけがないのだから最初から主張などしない方がよいという判断は、合理的かもしれませんが、それは「奴隷の合理性」にすぎません。

デモンストレーションをはじめとする大衆の行動が政治を直接に変えることは稀《まれ》です。しかしそれは、社会を変えるための重要な震源地になるのです。近年の例を挙げれば、二〇一一年の秋にアメリカで起ったオキュパイ・ウォールストリート運動がそうでした。参加者たちは、「九九%と一%」というスローガンを掲げ、新自由主義を、カジノ化した金融資本主義を、激しい格差社会を批判しました。それによって、何が変わったのか。もちろん何も変わりません。ウォールストリートの住人は、抗議運動に直面したら行動様式をガラッと変えるような人々ではない。では、何の成果もなかったのかといえば、まったくそんなことはありません。

オキュパイ運動に参加した人々は、いまバーニー・サンダース氏の大統領選挙キャンペーンの主力となって活動しています。社会主義者を名乗り、政治革命の実行を宣言するサンダース氏が、特に若年層からの支持を集め、有力な大統領候補となっていることには驚きましたが、この躍進を支えているのがオキュパイ運動の経験者たちなのです。

社会運動の一時の盛り上がりは、それが形を変えて持続するための努力が払われるならば、人をつくり、人々のつながりをつくり、さらに大きく有効な運動、そして変革へとつながっていきます。同じことが、今日の日本の運動についても言えるはずです。すでに、二〇一一年以来、私も含め多くの人たちが、運動を通して貴重な経験を積んできたと思いますし、その成果はすでに現れ始めているのです。先に触れた野党共闘なども、これまでの運動からの圧力がなければ、決して実現していなかったでしょう。

さらに言えば、いま人々は「起《た》ち上がる作法」のようなものを身に着けつつあるのだと思います。ちょうどこの原稿を書いている最中の二〇一六年二月、「保育園落ちた日本死ね!!!」と題した匿名ブログ[*8]が話題を呼んだことをきっかけに、子育てと仕事の両立に苦しむ多くの母親たちが声を挙げ、それが国会審議をも揺るがしています。「日本死ね」という表現が乱暴だというような批判が理解していないのは、この表現にどれほどの強い憤《いきどお》りが込められているのか、ということです。保育園の不足、待機児童の問題は、すでに長らく認識されながら、放置されてきました。してみれば、これほどの強い表現をしなければ政治家たちが問題に向き合おうとしないことこそ、真の問題にほかなりません。

多くの人々がこのブログに共感を寄せ、抗議行動を起こすまでの事態が生じたことは、国民の行動様式の変化を示唆しています。いまようやく、当然の憤りを私たちは表現してもよいのだ、という感覚を獲得しつつあるのです。

誰がそれを禁じてきたのか？　実は誰も禁じてなどいません。禁じてきたものがあるのだとすれば、それは自己規制であり、自分自身の奴隷根性以外にはないはずです。自らが自らを隷従させている状態から解き放たれたとき、「永続敗戦レジーム」がもたらしている巨大な不条理に対する巨大な怒りが、爆発的に渦巻くことになるでしょう。

この来るべき嵐だけが、革命を革命たらしめる根源的な力として、私たちが信じることのできるもののなのです。

注

＊1　「私は、正直申し上げて、必ずしも集団的自衛権の行使、否定しているものではないですよ、私個人はね。党の立場はいろいろありますけれども」(「平成二七年六月二九日　衆議院　我が国及び国際社会の平和安全法制に関する特別委員会」)。
http://kokkai.ndl.go.jp/SENTAKU/syugiin/189/0298/18906290298015.pdf

＊2　「やはり時間が必要なんです。何十時間か来たからぱあんと審議を打ち切って、そして、はい、参議院に送る、こういうことがないように、総理、ぜひお願いをしたいというふうに思っています」(「平成二七年七月三日　衆議院　我が国及び国際社会の平和安全法制に関する特別委員会」)。http://kokkai.ndl.go.jp/SENTAKU/syugiin/189/0298/18907030298017.pdf

CIAは一九五〇年代末より、親米的な野党を出現させるために、左派の穏健勢力を社会党から分断する工作をはじめ、民主社会党（後の民社党）が誕生する一九六〇年には、計七万五〇〇〇ドルの資金援助を行ない、一九六四年まで同額程度の支援が続けられた（「米CIA　左派弱体化工作　対日秘密資金認める」『東京新聞』二〇〇六年七月一九日夕刊）。

＊3　「国民皆保険制度は日本の医療制度の根幹であり、この制度を揺るがすことは絶対にないと

いうことを申し上げたいと思います」(「二〇一三年三月六日　参議院　本会議」)。
http://kokkai.ndl.go.jp/SENTAKU/sangiin/183/0001/18303060001010.pdf

＊4　ジャーナリスト・堤未果氏によれば、国民皆保険制度のないアメリカでは「医療破産」する人が年間約九〇万人にも達する。その一方で製薬会社と保険会社が膨大な利益を上げており、TPPに盛り込まれたISD条項（企業が国家を訴える権利）によって訴訟を恐れる日本政府が今後、アメリカの医療関連企業が日本市場に参入しやすいように法律、制度を変えていくことが危惧されるという（「堤未果さん、日米医療の問題点指摘　聴衆二〇〇人熱心に和歌山」『毎日新聞』地方版、二〇一五年一二月一日夕刊）。

＊5　「沖縄県知事選から衆議院総選挙へ」二〇一四年一一月二二日二三時三〇分配信。
http://bylines.news.yahoo.co.jp/shiraisatoshi/20141122-00040925/
「沖縄県知事選――永続敗戦レジームに対する最初の勝利」二〇一四年一二月一三日一時三〇分配信。http://bylines.news.yahoo.co.jp/shiraisatoshi/20141213-00041463/

＊6　礒崎陽輔参議院議員のツイッターでの発言。「時々、憲法改正草案に対して、『立憲主義』を理解していないという意味不明の批判を頂きます。この言葉は、Wikipediaにも載っていますが、学生時代の憲法講義では聴いたことがありません」。
https://twitter.com/isozaki_yousuke/status/206985016130023424?lang=ja&lang=ja

＊7　原発事故による健康被害について調査をしている福島県の「『県民健康調査』検討委員会」は二〇一六年二月一五日、中間まとめ案を発表、原発事故当時一八歳以下の約三七万人のう

ち、一一六例の小児甲状腺癌が見つかり、五〇例が「がんの疑い」とされた。中間まとめの最終案は「数十倍多い甲状腺がんが発見されている」が、放射線の影響については「考えにくい」としている（『毎日新聞』二〇一六年二月一六日）。

＊8　http://anond.hatelabo.jp/20160215171759

関連年表

年	月	事項
一九四五(昭和二〇)	八月	広島（六日）、長崎（九日）原爆投下。ポツダム宣言受諾（一四日）、敗戦。東久邇宮稔彦王内閣成立（一七日）。
	九月	ミズーリ号で降伏文書に調印（二日）。
	一〇月	GHQ、民主化指令（四日）。幣原喜重郎内閣成立（九日）。
	一一月	日本社会党結成（二日、片山哲書記長）。日本自由党結成（九日、鳩山一郎総裁）。
一九四六(昭和二一)	一月	GHQ、公職追放令（四日）。
	五月	極東国際軍事裁判（東京裁判）開始（三日）。第一次吉田茂内閣成立（二二日）。
	一一月	日本国憲法公布（三日）。
一九四七(昭和二二)	一月	GHQ、二・一ゼネストの中止指令（三一日）。
	三月	民主党結成（三一日、芦田均総裁）。
	五月	社会党、民主党、国民協同党の片山哲連立内閣成立（二四日）。
一九四八(昭和二三)	三月	芦田均内閣成立（一〇日）。日本自由党、民主クラブが合同、民主自由党結成（一五日、吉田茂総裁）。
	五月	第一次中東戦争（～四九年三月）。
	六月	昭和電工事件。

	八月	大韓民国独立（一五日）。
	九月	朝鮮民主主義人民共和国独立（九日）。
	一〇月	第二次吉田茂内閣成立（一五日）。
一九四九（昭和二四）	二月	第三次吉田茂内閣成立（一六日）。
	一〇月	中華人民共和国成立（一日）。
一九五〇（昭和二五）	六月	朝鮮戦争勃発（二五日）。
	八月	警察予備隊発足（一〇日）。
一九五一（昭和二六）	九月	サンフランシスコ講和条約、日米安全保障条約調印（八日）。
	一〇月	社会党、左右に分裂（二四日）。
一九五二（昭和二七）	二月	日米行政協定調印（二八日）。
	五月	血のメーデー事件（一日）。
	一〇月	保安隊発足（一五日）。
		第四次吉田茂内閣成立（三〇日）。
一九五三（昭和二八）	五月	第五次吉田茂内閣成立（二一日）。
一九五四（昭和二九）	三月	第五福竜丸事件（一日）。
	七月	自衛隊発足（一日）。
	一一月	日本民主党結成（二四日、鳩山一郎総裁）。
	一二月	第一次鳩山一郎内閣成立（一〇日）。

一九五五（昭和三〇）	三月	第二次鳩山一郎内閣成立（一九日）。
	五月	砂川闘争、始まる。
	一〇月	社会党統一（一三日）。
	一一月	保守合同、自由民主党結成（一五日）、五五年体制の成立。第三次鳩山一郎内閣成立（二二日）。
	一二月	原子力基本法成立（一九日）。
一九五六（昭和三一）	一〇月	日ソ共同宣言（一九日）。
		第二次中東戦争（〜五七年五月）。
	一二月	国際連合に加盟（一八日）。石橋湛山内閣成立（二三日）。
一九五七（昭和三二）	二月	第一次岸信介内閣成立（二五日）。
一九五八（昭和三三）	六月	第二次岸信介内閣成立（一二日）。
一九五九（昭和三四）	三月	安保闘争、始まる。
一九六〇（昭和三五）	一月	新安保条約署名（一九日）。民主社会党結成（二四日、西尾末広委員長）。
	六月	全学連、警官隊と衝突（一五日）。新安保条約発効、岸信介首相退陣表明（二三日）。
	七月	第一次池田勇人内閣成立（一九日）。
	一二月	第二次池田勇人内閣成立（八日）。「所得倍増計画」を閣議決定（二七日）。
一九六二（昭和三七）	一〇月	キューバ危機。

一九六三（昭和三八）	一一月	社会党党大会で江田三郎書記長の「江田ビジョン」に対する批判決議。
	八月	部分的核実験停止条約調印（五日）。
	一二月	第三次池田勇人内閣成立（九日）。
一九六四（昭和三九）	一〇月	東京オリンピック（一〇～二四日）。
	一一月	第一次佐藤栄作内閣成立（九日）。
一九六五（昭和四〇）	二月	アメリカ、北ベトナムへの爆撃開始（七日）。
	六月	日韓基本条約調印（二二日）。
一九六六（昭和四一）	五月	中国で文化大革命始まる（～七六）。
一九六七（昭和四二）	二月	第二次佐藤栄作内閣成立（一七日）。
	六月	第三次中東戦争。
一九六八（昭和四三）	七月	核拡散防止条約調印（一日）。
一九七〇（昭和四五）	一月	第三次佐藤栄作内閣成立（一四日）。
一九七一（昭和四六）	六月	沖縄返還協定調印（一七日）。
一九七二（昭和四七）	五月	沖縄本土復帰（一五日）。
	七月	第一次田中角栄内閣成立（七日）。
	九月	日中国交正常化（二九日）。
	一二月	第二次田中角栄内閣成立（二二日）。
一九七三（昭和四八）	一月	ベトナム和平協定調印（二七日）。

	一〇月	第四次中東戦争。オイルショック。
一九七四（昭和四九）	一二月	三木武夫内閣成立（九日）。
一九七六（昭和五一）	二月	ロッキード事件。
	一二月	福田赳夫内閣成立（二四日）。
一九七八（昭和五三）	一二月	第一次大平正芳内閣成立（七日）。
一九七九（昭和五四）	一月	米中国交正常化（一日）。
	一一月	第二次大平正芳内閣成立（九日）。
一九八〇（昭和五五）	七月	鈴木善幸内閣成立（一七日）。
	九月	イラン・イラク戦争（～八八年八月）。
一九八二（昭和五七）	一一月	第一次中曽根康弘内閣成立（二七日）。
一九八三（昭和五八）	一二月	第二次中曽根康弘内閣成立（二七日）。
一九八五（昭和六〇）	四月	公社民営化によって、ＮＴＴ、日本たばこ産業が発足（一日）。
	九月	プラザ合意（二二日）。
一九八六（昭和六一）	七月	第三次中曽根康弘内閣成立（二二日）。
一九八七（昭和六二）	四月	国鉄の分割民営化によってＪＲ発足（一日）。
	一一月	竹下登内閣成立（六日）。
一九八八（昭和六三）	六月	リクルート事件発覚。
一九八九（平成元）	一月	昭和天皇崩御（七日）。

一九九〇(平成二)	六月	宇野宗佑内閣成立(三日)。天安門事件(四日)。
	八月	第一次海部俊樹内閣成立(一〇日)。
	一一月	ベルリンの壁崩壊(一〇日)。
	二月	第二次海部俊樹内閣成立(二八日)。
	一〇月	東西ドイツ統一(三日)。
一九九一(平成三)	一月	湾岸戦争勃発(一七日)。
	一一月	宮沢喜一内閣成立(五日)。
	一二月	ソ連崩壊(二五日)。
一九九二(平成四)	六月	PKO協力法成立(一五日)。
	九月	自衛隊カンボジア派遣(一七日)。
一九九三(平成五)	八月	社会党、新生党、日本新党、さきがけなど八会派による細川護煕連立内閣成立(九日)。
	一一月	EU(欧州連合)発足(一日)。
一九九四(平成六)	一月	小選挙区比例代表並立制の導入が決定。
	四月	社会党が連立から離脱(二六日)、羽田孜内閣成立(二八日)。
	六月	自民党、社会党、さきがけの三党による村山富市連立内閣成立(三〇日)。
	七月	村山首相、国会で「自衛隊合憲、日米安保堅持」と発言。
一九九五(平成七)	一月	阪神淡路大震災(一七日)。

	三月	地下鉄サリン事件（二〇日）。
一九九六（平成八）	一月	第一次橋本龍太郎内閣成立（一一日）。
		日本社会党、社会民主党に党名を変更（一九日）。
	四月	普天間基地返還で日米が合意（一二日）。
	九月	民主党結成（二九日、鳩山由紀夫、菅直人代表）
	一一月	第二次橋本龍太郎内閣成立（七日）。
一九九八（平成一〇）	七月	小渕恵三内閣成立（三〇日）。
一九九九（平成一一）	五月	周辺事態法成立（二四日）。
	八月	国旗・国家法成立（九日）、通信傍受法成立（一二日）。
二〇〇〇（平成一二）	四月	自民党、公明党、保守党の第一次森喜朗連立内閣成立（五日）。
	七月	第二次森喜朗内閣成立（四日）。
二〇〇一（平成一三）	四月	第一次小泉純一郎内閣成立（二六日）。
	九月	米同時多発テロ（一一日）。
	一〇月	アフガン戦争、始まる（七日）。
二〇〇二（平成一四）	一〇月	北朝鮮拉致被害者五名が帰国（一五日）。
二〇〇三（平成一五）	三月	イラク戦争、始まる（一九日）。
	一一月	第二次小泉純一郎内閣成立（一九日）。
	一二月	自衛隊イラク派遣（二六日）。

二〇〇五（平成一七）	九月	第三次小泉純一郎内閣成立（二一日）。
	一〇月	郵政民営化法案成立（一四日）。
二〇〇六（平成一八）	九月	第一次安倍晋三内閣成立（二六日）。
二〇〇七（平成一九）	九月	福田康夫内閣成立（二六日）。
二〇〇八（平成二〇）	九月	麻生太郎内閣成立（二四日）。
二〇〇九（平成二一）	九月	民主党、社民党、国民新党の鳩山由紀夫連立内閣成立（一六日）。
二〇一〇（平成二二）	六月	菅直人内閣成立（八日）。
二〇一一（平成二三）	三月	東日本大震災、福島原発事故（一一日）
	九月	野田佳彦内閣成立（二日）。
二〇一二（平成二四）	一二月	自民党、公明党の第二次安倍晋三連立内閣成立（二六日）。
二〇一三（平成二五）	三月	ＴＰＰへの参加を表明（一五日）。
	一二月	特定秘密保護法が成立（六日）。
二〇一四（平成二六）	一二月	第三次安倍晋三内閣成立（二四日）。
二〇一五（平成二七）	九月	新安保法が成立（一九日）。
	一一月	パリ同時多発テロ（一三日）。
二〇一六（平成二八）	二月	ＴＰＰ署名（四日）。
	三月	民主党と維新の党が合流、民進党結成（二七日）。

校閲　猪熊良子
　　　福田光一
DTP　NOAH

白井 聡 しらい・さとし
1977年、東京都生まれ。
早稲田大学政治経済学部政治学科卒業、
一橋大学大学院社会学研究科博士後期課程単位修得退学。
博士（社会学）。専門は社会思想、政治学。
日本学術振興会特別研究員、文化学園大学助教等を経て、
現在、京都精華大学人文学部専任教員。
著書『永続敗戦論——戦後日本の核心』
（太田出版、第35回石橋湛山賞、第12回角川財団学芸賞）、
『未完のレーニン——〈力〉の思想を読む』（講談社選書メチエ）、
『「物質」の蜂起をめざして——レーニン、〈力〉の思想』
（作品社、増補新版）、『「戦後」の墓碑銘』（金曜日）他、多数。

NHK出版新書 485

戦後政治を終わらせる
永続敗戦の、その先へ

2016（平成28）年4月10日 第1刷発行

著者 白井 聡
発行者 小泉公二
発行所 NHK出版
〒150-8081東京都渋谷区宇田川町41-1
電話 (0570) 002-247（編集） (0570) 000-321（注文）
http://www.nhk-book.co.jp（ホームページ）
振替 00110-1-49701

ブックデザイン albireo
印刷 壮光舎印刷・近代美術
製本 ブックアート

Printed in Japan ISBN978-4-14-088485-0 C0230